거시사회복지실천 시리즈 II

거시사회복지실천 심화편 ❶

• 정의, 권리 그리고 분배 •

| 유태균 저 |

INTERMEDIATE MACRO SOCIAL WELFARE PRACTICE 1

Justice, Rights and Distribution

학지사

머리말

다른 누구와의 약속이 아닌 자신과의 약속이었다. 거시사회복지실천 전문가 교육에 쓸 만한 책 4권을 이순(耳順)까지 완성하겠다는 약속. 2020년 여름부터 글쓰기를 시작하여 3년이 지난 오늘에서야 비로소 『거시사회복지실천 입문편: 법, 행정 그리고 재정』, 『거시사회복지실천 심화편 1: 정의, 권리 그리고 분배』, 『거시사회복지실천 심화편 2: 시장, 국가 그리고 분배』를 완성하였다. 스스로에게 한 약속의 $\frac{3}{4}$을 지켰다는 기쁜 마음에 지금 이 머리말을 쓰고 있다.

다른 기회를 통해서 언급한 바와 같이, 입문, 심화 그리고 응용으로 이어지는 세 권의 책 중 입문과 심화 단계까지는 읽는 이들이 다소 무미건조하다고 느낄 정도로 책 내용의 거의 전부를 이론적인 내용을 소개하는 데 할애하였다. 글을 읽고 쓸 줄 아는 능력을 얻기 위해 제일 먼저 해야 하는 것이 한글 자모음을 익히는 것이듯이 사회과학자로서 그리고 거시사회복지실천가로서 사회보장과 관련된 다양한 현실 문제를 이해하고 그에 대한 해결책을 제시할 수 있는 능력을 기르기 위한 긴 여정의 첫 출발점 또한 세상을 이해하는 데 필요한 다양한 이론적 지식을 익히는 것이어야 한다.

거시사회복지실천가에게 한글 자모음은 법, 행정, 재정을 이해하는 것이라는 생각에서 쓴 책이 입문편이라면, 이 책 『거시사회복지실천 심화편 1: 정의, 권리 그리고 분배』는 정의(justice)와 권리에 관한 이론들을 소개하는 데 초점을 맞추었다. 미래에 거시사회복지실천 현장에서 전문가로 활동하게 될 학생들에게 사회보장은 사회권과 사회 정의를 실현하기 위해 인간 공동체가 고안해 낸 제도라는 말을 늘 하면서도 정작 그들에게 정의가 무엇인지, 권리가 무엇인지, 사회 정의가 무엇인지를 설명해 준 적이 얼마나 있는가? 심화편의 내용이 무엇이 되어야 하는지는 이러한 자신에 대한 질책을 솔직하게 한 후에 분명해졌다. 이 책은 저자 자신을 위해 그리고 미래의 거시사회복지실천가들을 위해 거시사회복지실천의 제1실천 영역인 사회보장에 대한 이해가 정의, 권리, 사회 정의에 관한 이해에서 출발할 수 있어야 한다는 신념을 실천으로 옮긴 결과물이다.

다 지난 일이기 때문에 부담 없이 할 수 있는 이야기가 하나 있다. 심화편을 쓰기 시작한 지 얼마 지나지 않아 심화편이 한 권의 책이 아니라 두 권의 책이 되어야 할 필요성을 깨닫고 한동안 글쓰기를 중단한 적이 있었다. 글쓰기가 싫어서가 아니라 (솔직히 말해서 저자는 한순간도 글쓰는 것이 싫다는 생각을 해 본 적이 없다.) 그런 것도 미리 알아채지 못한 자신의 어리석음에 화가 났기 때문이었다. 다행히 이재원 교수와 심화편 2권을 함께 쓸 수 있게 되었고, 그 사실을 통해서 자신의 어리석음이 전화위복이었음을 깨닫게 되어 기쁜 마음으로 글쓰기를 다시 시작하였다. 목표를 정해 놓으면 어떻게 해서든 목표를 이룰 방법을 찾는 버릇이 있었기에 망정이지 그렇지 않았더라면 지키지 못할 약속을 말로만 떠벌여 놓은 꼴이 될 뻔했다.

입문편 머리말에서 이야기한 바와 같이 입문편을 완성하는 데는 세월이 지난 후 초라해져 있을 자신을 위해 박사학위논문에 써 두었던 글이 큰 힘이 되었다면, 이번에 세 권의 책을 마치는 데는 한 장의 사진에 얽혀 있는 과거의 기억이 큰 도움이 되었다. 1995년 여름 박사학위수여식이 있던 날 지도교수가 자신의 연구실로 저자를 불러 다음과 같은 말을 해 줬던 일을 기억나게 하는 사진이다.

> "박사학위 가운은 혼자 입을 수 없어요. 특히 후드는 그렇지요. 가운 입는 것을 도와주려고 가운을 가지고 오라고 한 것이에요."
>
> "아! 감사합니다."
>
> "혹시 이 후드가 의미하는 것이 뭔지 알아요?"
>
> "아니요, 모릅니다."
>
> "이 후드는 멍에(yoke)를 상징하지요. 이 후드를 쓰는 것은 맹세를 하는 것이에요."
>
> "그런 의미가 있는 줄 몰랐습니다. 무슨 맹세를 하는 것인가요?"
>
> "오늘 이 순간부터 평생 진리를 탐구하기 위해서 고민하고 생각하면서 살겠다는 맹세, 그리고 진실만을 이야기하겠다는 맹세입니다. 그래서 오늘 받는 학위가 철학박사학위지요. 박사학위는 스스로를 그 부담 아래 둘 수 있는 자격입니다. 그 맹세를 할 준비가 되었지요? 유 박사에게 이 후드를 씌워 줄 수 있어서 정말 기쁩니다."

그 말을 듣는 순간 그때까지 한 번도 느껴 본 적이 없는 감정이 심장에서부터 쏟아져 나와 온몸으로 퍼지는 것을 느꼈다. 그때 느꼈던 그 감정은 저자의 일부가 되어 28년이 지난 지금까지도 저자의 몸 속을 돌아다니고 있다. 아무리 특별한 경험도 맥락이 바뀌면 특별할 것이 전혀 없는 경험이 된다는 것을 잘 알지만, 그럼에도 불구하고 이번에 쓴 세 권의 책 이곳저곳에 저자가 숨겨 둔 그날의 느낌이 이 세 권의 책을 읽는 독자들 중 누군가에게 전해질 수 있다면 저자는 더없이 만족한다.

이제 입문편, 심화편, 응용편 모두를 완성하기로 약속한 시간까지 1년이 조금 넘는 시간밖에 남지 않았으니 내일부터 응용편을 쓰는 또 한 번의 기쁜 여정을 시작해야겠다. 신밧드처럼. 응용편을 쓸 때는 더 많은 동료 연구자가 함께해 주기를 진심으로 바란다.

2024년 2월

Guns & Roses의 〈Sweet Child O' Mine〉을 들으면서
무한한 가능성이 가득 찬 학생들의 눈을 매일 볼 수 있는 삶에 감사하면서

저자 유태균

차례

머리말 3

제1장 정의, 공정, 평등 그리고 공평 / 9

1. 정의 _ 13
2. 공정 _ 20
3. 평등 _ 25
4. 공평 _ 28

제2장 분배 정의 / 31

1. 분배 정의의 세 가지 차원 _ 33
2. 분배 기준 _ 36
3. 분배 대상: 무엇을 분배할 것인가 _ 52
4. 분배 단위: 누구 또는 무엇 간에 분배할 것인가 _ 70

제3장 정의관 / 73

1. Aristotele의 정의관 _ 75
2. Rawls의 정의관 _ 79
3. Nozick의 정의관 _ 85
4. Dworkin의 정의관 _ 88
5. Walzer의 정의관 _ 93
6. Sandel의 정의관 _ 97

제4장 권리, 인권 그리고 사회 정의 / 101

1. 권리 _ 103
2. 인권 _ 109
3. 사회 정의 _ 138
4. 복지이중성 _ 156

부록 163
참고문헌 170
찾아보기 173

제1장

정의, 공정, 평등 그리고 공평

1. 정의
2. 공정
3. 평등
4. 공평

제1장

정의, 공정, 평등 그리고 공평

저자는 정의(justice, 正義)에 관한 글을 읽거나 동료 연구자들과 이야기를 나누다가 다음 네 가지 개념을 접하게 될 때[1] '도대체 이 네 가지 개념 각각에 대한 연구자들의 이해 또는 정의(definition)가 왜 이렇게 다른 것일까?'라는 생각을 하지 않고 그냥 넘어간 적이 (독자들이 약간의 과장을 허락한다면) 단 한 번도 없었다.

정의	공정	공평	평등

그런 궁금함과 항상 그 뒤를 따라오는 답답함을 느낄 때마다 저자는 '나중에 내가 정의에 관한 책을 쓴다면 반드시 첫 장에서 이 네 가지 개념의 유사점과 차이점을 독자들에게 비교·설명하겠다.'라고 다짐하곤 했다. 이제 드디어 기회가 왔으니 저자가 과거 자신에게 했던 약속을 지키기로 하겠다.

본격적인 논의를 하기에 앞서 도대체 왜 연구자들 간에 이 네 가지 개념에 관한 이

1) 특히 이 중에서 두 개 이상의 개념이 함께 언급되는 문헌을 접할 때 더욱 그러했다.

해가 같은 것 같으면서도 다른지에 대한 답이 될 만한, 저자 나름의 두 가지 생각을 먼저 소개하겠다. 연구자들 간에 이들 개념이 의미하는 바에 관한 이해가 다른 첫 번째 이유는 '정답이 없기 때문'이다. 지난 수천 년의 인류 역사 속에서 사실 이 네 가지 개념은 늘상 도덕철학, 정치철학, 법철학 또는 그 밖의 여러 과학 분야의 주된 관심사 중 하나였다. 만일 정답이 있다면 그토록 오랜 시간 동안 많은 사람이 (그것도 모든 면에서 저자와 비교가 안 될 정도로 훨씬 뛰어난 사람들이) 이 네 가지 개념에 대해 고민하고 그 본질을 정의하기 위해 매달렸음에도 불구하고, 아직도 그 답의 정체를 밝혀내지 못했을 리가 없다는 것이 저자의 생각이다. 따라서 지금부터 소개할 이 개념들에 대한 저자의 견해 또한 장담하건대 정답일 리 없다는 것을 독자들에게 먼저 솔직하게 고백하고자 한다.

두 번째 이유는 언어 차이인 것 같다. 서로 다른 언어를 사용하는 연구자들 간에는 언어 차이에서 오는 인식 차이가 (또는 그 반대) 분명히 존재한다. 물론 동일 언어를 사용하는 연구자들 간에도 각자가 가진 경험과 특성의 차이로 인해 특정 개념의 의미를 이해할 때 적지 않은 차이가 있을 수 있다. 그러나 저자는 전자의 차이가 후자의 차이보다 훨씬 크다고 생각한다.

영어를 모국어로 사용하는 사회에서 우리말의 '정의'에 해당하는 단어는 'justice'이다. 영어의 'justice'는 한국어로 번역될 때 항상 '정의'로 번역된다. 저자는 국내 문헌에서 'justice'를 정의 외의 단어로 번역하는 경우를 한 번도 본 적이 없다. 그런데 공정, 공평, 평등은 그렇지 않다. 국내에서는 이 세 가지 개념이 연구자에 따라, 학문 분야에 따라,[2)] 어떤 맥락에서 쓰이는지에 따라 (그리고 심지어는 일부러) 다르게 번역되는 경우를 종종 볼 수 있다. 저자는 공정이 영어의 'fairness', 공평이 'equity' 그리고 평등이 'equality'에 해당하는 개념이라고 보는 것이 가장 타당하다고 생각한다. 이러한 주관적 견해에 근거하여 이후부터 저자는 이들 네 가지 개념 각각을 한글, 영어, 한자로 다음과 같이 표현하기로 하겠다.

---

2) 예를 들면, 'equity'를 어떤 연구자들은 '형평성'으로 번역하는가 하면 어떤 연구자들은 '공평성'으로 번역한다.

- 정의 = justice = 正義
- 공정 = fairness = 公正
- 평등 = equality = 平等
- 공평(형평) = equity = 公平(衡平)

그럼 지금부터 이 네 가지 개념 각각을 정의, 공정, 평등, 공평 순서로 개념화하고 정의와 나머지 세 가지 개념 간에 어떤 관련이 있는지 살펴보기로 하겠다.

1. 정의

정의(justice)는 인간이 어떤 상황에 대해 내린 판단의 내용 또는 그러한 판단의 결과로서 갖게 되는 느낌이다. 인간이 정의롭다 또는 정의롭지 않다고 느끼는 상황은 어떤 상황인가? 이 질문은 "정의라는 이름표가 붙어 있는, 아무것도 쓰여 있지 않은 한 장의 종이를 사람들에게 내밀고 이 종이를 어떤 내용으로 채울 것인가요?"라고 묻는 것과 같다.

"정의가 무엇인가?"라는 질문에 대해 답을 제시하는 것, 달리 표현하면 정의의 실체를 정의(define)하는 것은 고대 Plato에서부터 Aristotele를 거쳐 현대에 와서는 John Rawls와 Michael Sandel에 이르기까지 무려 2,000년이 넘는 시간 동안 항상 서양 윤리학과 정치철학의 가장 핵심적인 과제 가운데 하나였다. 저자는 이 질문에 대한 답을 찾고자 시도한 수많은 학자 중 적어도 Aristotele와 이후 학자들 사이에서는 정의의 내용 가운데 다음에 대해서만큼은 상당 수준의 의견 일치가 이루어졌다고 생각한다.

분배에 있어서 정의는 각자가 자신이 받아 마땅한 몫을 받는지에 관한 것이다.

즉, 일반적으로 사람들은 자신이 받아 마땅한 몫을 분배받을 때 그 분배를 정의로운 분배로 간주하고, 자신이 받아 마땅한 몫을 어떤 이유에서든 받지 못할 때 그 분배를 정의롭지 않은 분배로 여긴다는 것이다.

이러한 공통된 견해를 토대로 우리는 '정의란 무엇인가?'라는 질문을 다음과 같은, 그나마 답하기가 조금 덜 막막한 질문으로 바꿀 수 있다.

> 각자가 받아 마땅한 몫을 어떻게 정하는가?

또 여기서 한 걸음 더 나아가 다음과 같은 질문으로까지 확장할 수 있다. 그럼 이제 우리는 다음의 질문을 추가로 해 볼 수 있다.

> 정의롭다고 여겨지는 분배 원칙은 무엇인가?

이처럼 각자가 받아 마땅한 각자의 몫을 정할 때 어떤 원칙을 따라야 하는지에 대해 생각해 봄으로써 정의의 실체를 구체화할 수 있게 된다.

한 사회의 구성원 간에 자원을 분배할 때, 받아 마땅한 각자의 몫을 정하려면 우리는 반드시 다음과 같은 질문에 답해야 하는데, 이 세 가지 질문 각각이 바로 정의의 실체를 규정하는 분배 요소이다.

> • 무엇을 • 누구 또는 무엇 간에 • 어떤 원칙에 따라 분배하는가

이 세 가지 질문 중에서 가장 핵심적인 질문 또는 요소는 마지막 질문인 '어떤 원칙'이라고 저자는 생각한다. 그러므로 논의를 단순화하기 위해서 일단 첫 번째와 두 번째 질문에 대한 답을 다음과 같이 고정한 상태에서 핵심이 되는 마지막 질문인 '어떤 원칙에 따라 분배하는가'에 주목해 보기로 하자.

> • **무엇**: 이익 • **누구 또는 무엇 간에**: 사회구성원

무엇인가를 어떤 원칙에 따라 분배한다는 것은 다음과 같은 세 가지 단계로 이루어진 분배 선택 과정을 거쳐 특정 분배 결과를 만들어 내는 것이며, 그 분배가 정의로운 분배인지를 판단하는 것은 분배 선택과 분배 결과 각각이 모두 정의로운지의 여부를 판단하는 것이다.

분배 원칙	분배 선택	단계 1	분배에 참여하는 사회구성원 모두를 비교하는 기준이 되는 것이 마땅하다고 판단되는 어떤 속성 X를 선택한다.
		단계 2	X를 Y라는 방식으로 사용하여 각자가 가지고 있는 X의 양 또는 수준을 파악한다.
		단계 3	단계 2의 결과를 Z라는 방식으로 반영하여 각자가 받아 마땅한 이익의 몫을 정한다.
	분배 결과	각자에게 각자의 몫을 분배하며 R이라는 분배 결과가 만들어진다.	

분배 선택은 앞에 제시된 세 가지 변수 X, Y, Z에 의해 그 실체가 결정되는 사실, 즉 fact이다. 분배 선택에 관한 정의 판단은 X, Y, Z가 가질 수 있는 무수히 많은 변숫값으로 이루어진, 역시 무수히 많은 변숫값 조합 중 구체적인 어느 한 가지 조합을 선택함으로써 결정되는 X, Y, Z의 실체인 (x, y, z)에 대해서 그것이 정의로운지 아닌지를 판단하는 것이다. 예를 들어, 어떤 사회에서는 X, Y, Z가 각각 다음과 같은 변숫값을 갖는 것이 정의로운 분배 선택으로 여겨진다.

> 공과(desert)를 기준으로 삼아, 각각의 사회구성원이 창출해 낸 사회적 가치의 양 또는 수준을 비교·평가한 다음 각자에 해당하는 사회적 가치의 양 또는 수준에 비례하여 각자가 받아 마땅한 이익의 몫을 정해 분배하는 것

하지만 다른 어떤 사회에서는 X, Y, Z가 다음과 같은 실체를 갖는 것을 정의로운 분배 선택으로 여길 수도 있다.

> 욕구를 기준으로, 각자의 욕구를 비교·평가한 다음 각자가 가진 욕구의 양 또는 수준에 비례하여 각자가 받아 마땅한 이익의 몫을 분배하는 것

이러한 의미에서 X, Y, Z는 정의 판단의 대상으로서의 분배 선택 사실의 실체를 구성하는 요소이며 더 나아가서는 분배 원칙의 실체를 구성하는 요소 중 하나이다. 정의로운 분배 선택의 실체가 무엇인지는 누가, 언제 그리고 어디서 그것을 판단하는가에 따라 달라질 수 있다. 즉, 정의로운 분배 선택으로 여겨지는 변숫값 조합 (x, y, z)는 불변하는 상수가 아니라 변수라는 것이다.

정의로운 조합이 어떤 (x, y, z) 값을 갖게 될지에 영향을 미치는 요인은 누구, 언제, 어디 외에도 두 가지가 더 있다. 그중 하나는 '무엇을 분배할 것인가?'이고, 다른 하나는 '누구 또는 무엇 간에 분배할 것인가?'이다. 다시 말하면, 분배 대상이 이익인지 부담인지에 따라서 그리고 분배가 개인들 간의 분배인지 집단들 간의 분배인지에 따라 어떤 (x, y, z)가 정의로운 분배 선택이 될지가 달라진다는 것이다.

정의 판단의 두 번째 대상은 분배 결과 사실 R이다. 어떤 분배 결과가 정의로운지를 판단할 때 우리는 R의 실체의 내용에 주목한다. 어떤 사회에서든 한정된 자원에 대한 분배는 그 사회가 처해 있는 정치적, 경제적, 문화적, 윤리적 조건 안에서 그 사회구성원들이 자유와 평등이라는 두 가지 가치(value) 가운데 어떠한 가치를 실현하는 것에 더 큰 중요성을 부여하는지에 따라 영향을 받는다.[3]

자유와 평등은 서로를 위해 서로가 꼭 필요하면서도, 어느 한쪽을 더 얻고자 하면 반드시 다른 한쪽을 더 포기해야만 하는 관계에 있다. 그렇기에 어떤 사회에서든 어떤 이익의 분배 상태에 변화가 생기면 그 변화는 그 사회에 존재하는 자유와 평등의 수준을 변화시킨다. 다시 말하면 자유와 평등 두 변수가 가지고 있던 기존 변숫값 조합 (l, e)이 달라진 이익 분배 상태로 인해 새로운 변숫값 $(l, e)'$을 갖게 된다는 것이다.

이제 어떤 사회가 그 사회에 현재 존재하는 자유 수준과 평등 수준의 조합$(l, e) = R$

---

3) 이에 대해서는 제2장에서 자세하게 논의하기로 하겠다.

에 대해 불만족하게 되어 (어떤 이유에서든) 더 만족스러운 수준의 자유와 평등의 조합인 $(l, e)' = R'$으로 나아가고자 한다고 가정해 보자. 그리고 이 목적을 이루기 위해서 이 사회가 어떤 이익을 분배 또는 재분배, 즉 X, Y, Z가 각각 특정 값 (x, y, z)를 갖게 했고 그 결과 자유 수준과 평등 수준이 새로운 수준 $(l, e)' = R'$으로 바뀌었다고 가정해 보자. 이 상황에서 어떤 분배 결과가 정의로운지를 판단한다는 것은 (l, e)를 $(l, e)'$으로 바꾸는 것이 과연 정의로운지를 판단하는 것이다. 이때 판단의 기준은 무엇인가? 분배의 결과는 그것이 애초의 목적인 이상적인 분배 결과 R'을 실현하기에 더 적합한 결과일 때 정의로운 것으로 여겨지는 것이 마땅하다. 따라서 판단의 기준은 다음과 같아야 마땅하다고 하겠다.

> 새로운 조합 $(l, e)'$이 변화 이전의 조합 (l, e)에 비해 이상적인 자유 수준과 평등 수준의 조합인 $(l, e)'$을 실현하기에 더 적합한 조합인지 여부

이러한 논리에 근거하여 저자는 분배 결과에서의 정의(justice)를 이제 다음과 같이 재정의(redefine)할 수 있다고 생각한다.

> 한 사회의 구성원 중 다수 또는 모두가 이상적이라고 생각하는 자유 수준과 평등 수준의 조합을 (l, e)라 하고 (l, e)만큼의 자유와 평등을 실현할 수 있는 이상적인 분배 상태를 R이라 하고, 그 사회의 실제 자유 수준과 평등 수준의 조합을 R'이라고 할 때, 정의로운 분배 결과와 정의롭지 않은 분배 결과는 각각 다음과 같다.
>
> - **정의로운 분배 결과:** 1~3단계 분배 선택 과정을 거쳐 나타난 분배 결과, R'이 R과 일치 또는 매우 유사한 경우
> - **정의롭지 않은 분배 결과:** R'과 R이 매우 다른 경우

이 책의 제2장에서 다시 논의하겠지만 분배 정의를 판단할 때 어떤 사람들은 분배 결과를 앞서 설명한 분배 선택 사실보다 더 중요하게 생각하고, 어떤 사람들은 이와

정반대로 분배 선택 사실을 더 중요하게 생각한다. 전자의 경우가 도를 넘어설 경우, 이데올로기가 되어 버렸다고 해도 과언이 아니라고 할 수 있는, 특정 자유 수준과 평등 수준의 조합을 현실 사회에 실현하기 위해 목적이 수단을 정당화할 수 있다는 논리를 분배 정의 판단에 아무런 거리낌 없이 적용하는 행태로 종종 표출된다. 그런가 하면 극단으로 치달은 후자 입장은 어떤 원칙에 따라 분배가 이루어지는지에 매몰되어 그 분배가 초래하는 부정적인 결과에 대해 어떤 책임감도 느낄 필요가 없다는 도덕 불감증을 당연시하는 모습으로 표출되곤 한다.

정의는 진리(truth)만큼이나 가변적인 구성개념이며 앞에서 소개한 정의(justice)에 대한 저자의 정의(definition)는 그러한 속성을 반영한 매우 일반적인 정의(definition)이다. 물론 어느 시대나 장소에도 적용 가능한, 해당 사회가 처한 정치적, 경제적, 사회적, 문화적 상황으로부터 자유로운, 자유와 평등이라는 두 가지 가치가 서로에 대해서 갖는 상대적 중요성과 무관한, 선험적 또는 초월적인 정의 개념이 존재할지도 모른다. 만일 그런 정의가 존재한다면 그것은 아마도 우리가 한정된 자원 제약하에서 할 수밖에 없는 분배라는(그리고 그러한 분배와 관련된 법, 제도, 정책) 현실 과제와 동떨어진, 사변적 철학에서만 그 의미를 찾아볼 수 있는 지극히 형이상학적인 정의일 것이다. 아니면 절대 권력자에 의해서 자신의 선호에 맞게 그 실체가 규정되고 사람들에게 강요되는 정의일 가능성이 크다고 저자는 생각한다.[4)]

저자는 사상 체계의 제1덕목이 진리라면 사회제도의 제1덕목은 정의라는 Rawls의 생각에[5)] 전적으로 동의한다. 그러나 동시에 진리가 가변적인 것과 마찬가지로 정의 역시 가변적인 제1덕목일 수밖에 없다고 생각한다. 고대에서 현재에 이르는 긴 시간 가운데 정의가 단 한 가지 실체를 가졌던 기간은 그렇지 않았던 기간에 비하면 찰나에 불과할 것이다. 물론 이를 입증할 수는 없지만, 부정하는 것도 마찬가지로 불가능하다. 그리고 정의는 '현재라고 하는 이 순간'을 공유하면서 지구 안의 여러 지역에 공존

4) 외국의 정치철학자인 John Rawls가 '그의 정의관에는 정치는 없고 철학만 존재한다'는 비판을 받은 이유는 결국 Rawls의 정의관을 현실에 적용하는 것이 불가능하다고까지는 말할 수 없지만 매우 어렵기 때문이었다고 생각한다.

5) Rawls를 포함한 여러 학자들의 정의관에 관한 논의는 제2장에서 하기로 하겠다.

하고 있는 사람들 사이에서조차도 결코 동일 실체로 이해되고 있지 않다. 이러한 사실을 부정할 수 있는 합리적인 어떤 근거가 제시되지 않은 한 저자는 초월적 실체를 가진 정의의 존재를 (적어도 당분간은) 인정하지 않는 것이 타당하다고 생각한다.[6)]

그러나 이러한 저자의 생각이 도덕적 가치가 정의와 무관하다는 주장이 절대로 아니라는 것을 분명히 이해할 필요가 있다. 정의는 인간과 인간 공동체로서의 사회가 추구해야 할 중요한 도덕적 가치 가운데 하나임에 틀림이 없다.[7)] 앞서 들었던 예에서 A, B, C 세 사람 가운데 누구의 선호는 분배 기준으로 선택되고 누구의 선호는 선택되지 않을 때 '선택된 선호'가 선택된 이유는 그렇게 하는 것이 옳은 것이라는 생각이 사회구성원들 사이에서 설득력을 얻었기 때문이다. 그리고 그 선호를 분배 기준으로 선택하는 것이 옳은 것으로 여겨지기 때문에 그 선호를 선택하는 것이 정의로운 것이다.

저자가 말하고자 하는 바는 그 '옳은 것'에 해당하는 선호가 고정된 상수가 아니라는 것이다. 또한 개개인의 선호는 자의적일 수밖에 없으며 각자에게만큼은 합리적인 결정임이 분명하다. 따라서 개인의 선호는 다른 사람의 선호와 다를 수 있을 뿐 각자의 관점에서 볼 때 각자의 선호는 타인의 선호에 비해 결코 덜 가치 있는 것일 수 없다. 그렇기에 개인의 선호는 각각의 것 모두가 분배 기준이 되기에 마땅한 것이다. 분배 정의는 바로 그 '분배 기준이 되어 마땅한 모든 선호' 중 가장 옳거나 바람직한 선호를 선택하는 것과 관련된다. 그러한 선택을 함에 있어서 편향되지 않고, 선호의 다양성을 인정하며, 각자의 선호를 존중하고, 누구의 선호에 대해서도 배제적이지 않으며, 어떤 사람의 이익을 다른 사람의 이익보다 덜 (또는 더) 중요시하지 않는 것이 바로 뒤이어 소개할 공정(fairness)이다.[8)]

---

6) 저자의 이러한 정의 개념은 뒤이어 제3장 정의관 부분에서 Michael Walzer의 다원주의적 정의관의 근간인 가치론(theory of goods) 그리고 Robert Nozick이 말하는 역사주의적, 비정형적(non-patterned) 정의관과 맥을 같이 한다.

7) '正義'라고 하는 한자의 의미를 생각해 보면 동양의 정의 개념에 옳음, 바름, 의로움 같은 도덕적 가치가 서양의 정의 개념보다 더 많이 내포되어 있는 듯한 생각이 들기도 한다.

8) 불편부당함으로서의 공정은 때로는 정의의 전제로, 때로는 정의보다 우선되어야 하는 것으로 여겨지기도 한다. 이러한 경향을 Rawls의 정의관에서도 엿볼 수 있는데 Rawls는『A Theory of Justice』에서 정의 개념을 이끌어 내기 위해 원초적 입장, 즉 다른 사회구성원과 비교해서 자신이 우월한지 열등한지를 알 수 없는 상황, 그렇

어떤 선호를 분배 기준으로 선택할지가 (대개 경우) 민주주의 의사결정 방식에 따라 결정되는 이유 역시 공정함을 유지하기 위해서이다. 그러다 보니 다수가 선호하는 기준이 분배 기준이 될 가능성이 (반드시 그런 것은 아니나) 자연히 클 수밖에 없고, 그렇기에 다수가 원하는 것이 정의와 동일시되는 경향이 있다. 물론 다수가 원하는 것이 정의로운 것일 수는 있다. 그러나 다수가 원하는 것이라고 해서 그것이 반드시 정의로운 것은 절대 아니다. 다수가 선택한 결정이 집단적 광기에 의해 내려진, 최악의 결정이라는 사실을 결정이 내려진 후 오랜 시간이 지난 뒤에야 비로소 깨닫게 된 경우가 인류 역사 속에 종종 있었다는 사실만 잊지 않는다면 정의와 다수의 논리를 동일시하는 어리석음을 범할 리는 없을 것이다.

2. 공정

공정(fairness)은 정의와 매우 깊은 관련성을 가진 개념이며 종종 정의와 동의어로 사용되기도 하는 개념이다. 그러나 저자는 공정과 정의를 서로 다른 개념으로 보는 것이 더 타당하다고 생각한다. 일단 'justice'와 'fairness'를 한국어로 번역할 때 각각 정의와 공정으로 다르게 번역된다는 사실만 보더라도, 두 개념은 서로 다른 개념으로 여겨져야 마땅하다.[9)]

아울러 저자는 저자의 주장을 좀 더 권위 있게 뒷받침해 줄 수 있는 근거로서 John Rawls가 1971년에 출간한 책의 제목이 『Justice as Fairness』라는 사실을 늘 강조한다. 저자가 아는 한 이 책의 제목은 영어권 학자들 중 그 누구로부터도 논리적으로 말이 되지 않는다는 비판을 받은 적이 없다.[10)] 법철학자들 사이에서 고전 명서로 손

기에 누구의 이익이 더 중요시될 수 없는 상황, 편향됨이 존재하지 않는 불편부당한 상황을 전제하고 있다.

9) 물론 예외가 없지는 않으나 예외는 'fairness'를 정의로 번역하는 경우이지 'justice'를 공정으로 번역하는 경우는 거의 없다. 그리고 'fairness'를 정의로 번역할 때도 오해를 불러일으키지 않도록 '정의(fairness)'와 같이 국문과 영문을 병행 표기하는 것이 일반적이다.

10) 물론 영어가 아닌 다른 언어에서는 정의와 공정을 서로 다른 단어로 표기하지 않을 수 있다. 프랑스어가 대표적인 예이다. Sen(2009)에 따르면, 소극적 자유 개념을 소개한 Isaiah Berlin이 Rawls에게 프랑스어에는 공정에 해당하는 단어가 없다는 사실과 함께 그런 경우 공정으로서의 정의의 의미가 어떻게 이해될 수 있을지에

꼽히는 이 책『Justice as Fairness』야말로 정의와 공정이 동의어가 아님을 말해 주는, 그러면서 동시에 공정이 어떤 경우에는 정의일 수 있음을 말해 주는 좋은 예가 아닐 수 없다. 이러한 생각에 근거해서 저자는 정의와 공정을 서로 다르지만 분명히 중첩되는 의미를 가지고 있는 개념으로 보는 것이 타당하다고 생각한다.[11)]

그런데 정의와 공정이 서로 다른 개념이라는 주장은 두 개념을 비교할 때는 이렇다 할 만한 반론이나 저항 없이 받아들여지지만, 두 개념을 각각 독립적으로 다룰 때는 이야기가 달라진다. 이때 문제가 되는 개념은 물론 공정이다. 정의 개념은 단독으로 쓰이든 공정과 함께 쓰이든 항상 'justice'의 의미로 이해되나, 공정 개념은 그렇지 않다. 놀랍게도 공정은 단독으로 쓰일 때 'fairness'보다 'justice'의 의미로 사용되는 경향이 매우 강하며 'fairness'의 의미로 사용되는 경우가 오히려 매우 드물다는 것이 저자의 생각이다.

이러한 경향은 영어권 지역에서보다 국내에서 더 강하게 나타난다고 할 수 있는데, '공정 사회'라는 말과 '정의 사회'라는 말이 의미 구분 없이 대중매체뿐만 아니라 학술 연구에서조차도 종종 동의어로 사용되고 있는 현실을 볼 때, 이러한 경향이 단순한 짐작이 아니라 실존하는 경향임을 보여 주는 좋은 예라고 하겠다.[12)] 이런 경향이 존재하는 이유는 의심의 여지없이 공정과 정의가 중첩 의미를 가진 개념이기 때문이다.

그렇다면 도대체 공정의 의미는 무엇인가? 이제까지 수많은 도덕철학자와 정치철학자가 이 질문에 대한 답이 될 만한 다양한 견해를 제시해 왔으며, 앞으로도 그러한 노력은 주로 정의(justice)의 본질에 대한 이론적 또는 철학적 규명이라는 형태로 지속될 것으로 기대된다. 왜냐하면 이 질문은 정답이 없는 질문이기 때문이다. 다시 말하면, 각자가 생각하는 답이 이 질문에 대한 답이 될 수 있다는 것이다. 이 질문에 대

대해서 의문을 제기했다고 한다. 실제로 프랑스 학자들이 Rawls의 저서를 프랑스어로 번역할 때 상당히 애를 먹었으며 오랜 고민 끝에 'Justice as Fairness'를 'Justice et équité'로 번역했다(Sen, 2009).

11) 물론 그 이유가 'justice'를 이제까지 '정의'로 번역해 왔기 때문에 'fairness'를 '공정'이라고 번역할 수밖에 없기 때문인지, 아니면 공정이 정의와 다른 fairness에 해당하는 개념이라는 것이 국내 연구자들 사이에서 당연한 것으로 여겨지고 있기 때문인지는 분명하지 않다.

12) 그리고 '공정'이 'equity'의 의미로 사용되는 경우가 'fairness'의 의미로 사용되는 경우보다 오히려 더 많은 것 같다는 것이 저자의 생각이며 심지어 어떤 경우에는 'equality'를 '공정'으로 번역하기도 한다.

해서 저자가 생각하는 답은 다음과 같다. 그럼 지금부터 이에 관한 논의를 시작해 보기로 하자.

> 공정의 의미는 분배 기준이 정해지기 이전과 이후가 다르다. 그러므로 공정의 의미를 논하기 위해서는 먼저 어느 시점에 해당하는 의미를 논할 것인지를 정해야 한다.

1) 분배 기준 결정 이전의 공정

앞서 저자는 정의의 핵심이 '받아 마땅한 몫을 결정하는 것'에 있으며, 무엇이 분배 기준이어야 하는지에 관한 생각은 사람마다 다를 수 있다고 말한 바 있다. 예를 들어, 사회구성원이 A, B, C의 단 세 명밖에 없는 어떤 사회가 있다고 가정해 보자. 이들 각각은 서로 다른 분배 기준을 선호하는데, A는 a, B는 b 그리고 C는 c라는 기준에 따라 자원이 분배되어야 마땅하다는 입장을 견지한다. 이런 상황에서 A가 선호하는 기준 a가 분배 기준으로 선택되었다고 가정해 보자. A를 제외한 두 사람 B, C는 자신의 선호 기준이 '사회적 기준'이 되지 않은 것을 불만스러워할 것이다. 그리고 어쩌면 일부 사회구성원의 선호가 자신들에게 강제되는 것을 거부할지도 모른다.

이런 상황이 실제로 벌어진다면 우리는 자연스럽게 "그렇다면 어떤 조건이 충족될 때 두 사람 B, C는 a를 사회적 기준으로 받아들일 수 있을까?"라는 질문을 하게 된다. 저자가 생각하는 이 질문에 대한 답은 불편부당함이다. 어떤 사회에서든 어떤 기준이 사회구성원 가운데 다수로부터(모두로부터는 아니더라도) 정당성을 인정받아 사회적 기준이 되려면 그 기준이 다른 것은 몰라도 최소한 불편부당(impartiality)이라는 조건만큼은 반드시 만족해야 한다. 즉, 바로 이러한 불편부당함이 분배 기준이 결정되기 이전 공정 개념의 본질인 셈이다. 그리고 불편부당함은 어떤 기준이 분배 기준이 되기 위해 갖춰야 할 필요조건이다.

- 공정의 본질은 불편부당함이다.
- 공정한 분배는 정의로운 분배를 위한 필요조건이다.
- 공정한 분배가 반드시 정의로운 분배 결과를 가져오지는 않는다. 따라서 공정한 분배가 정의로운 분배의 충분조건은 아니다.

많은 문헌에서 바로 이 불편부당함으로서의 공정이 정의와 동일시되거나 정의의 본질로 여겨지곤 (명시적이라기보다는 주로 암시적으로) 한다.[13] 즉, 불편부당함을 정의의 실체로 보는 것인데, 저자는 그렇게 볼 수 있다고 생각한다. 단, 공정이 정의의 실체일 때 그 정의는 이제까지 우리가 논의해 온 분배적 정의가 아니라 절차적 정의(procedural justice)이다. 절차적 정의는 다음과 같이 설명할 수 있다.

- 한 사회 또는 공동체의 구성원들이 그들 간의 관계를 규정하는 어떤 규칙을 그들 모두에게 똑같이 적용되는 어떤 조건(또는 기준) 아래에서 불편부당한 절차를 통해 합의하는 것
- 또는 그러한 불편부당한 절차를 통해 나타난 결과 그 자체

절차적 정의에 대해서는 분배 기준 결정 이후의 공정 개념까지 설명한 다음 이 책 제3장에서 Rawls의 정의관을 설명할 때 다시 논의하기로 하겠다.

2) 분배 기준 결정 이후의 공정

분배 기준이 결정되면 공정의 의미는 분배 기준 결정 전과 달라진다. 공정은 이제 분배가 실제로 정해진 분배 기준에 따라 이루어지는지를 묻는 분배 절차 또는 과정에 관한 것이 된다.

---

13) 물론 그런 경우에도 연구자들이 두 개념을 동일 개념으로 보는 것인지, 아니면 단순히 글을 쓰다가 두 개념을 함께 언급하게 되어 의도치 않게 두 개념을 동일 개념인 것처럼 서술한 것인지는 분명하지 않다. 그런데 저자는 전자의 경우, 즉 공정과 정의가 동일 개념임을 분명하게 언급하는 경우는 아직까지 본 적이 없다.

공정 = 정해진 배분 기준에 따라 분배가 이루어지는 것

아마 '공정 경쟁'이라는 말의 의미가 '정해진 규칙하에서의 경쟁'이라는 것에 동의하는 연구자라면, 왜 분배 기준이 정해지고 나면 공정 개념이 '정해진 기준에 따른 분배'로 바뀌는지 쉽게 이해할 수 있을 것이다. 분배 기준이 정해진 후에도 분배 기준이 '불편부당하게 정해지는지 여부'에 관심이 머문다는 것은 일단 논리적으로 말이 되지 않는다. 왜냐하면 분배 기준이 이미 정해졌기 때문이다. 기준이 부재한 상황에서 우리의 사고 범위는 기준을 어떻게 정해야 하는지에 관한 '바람직함' 또는 '바람직하지 않음'에 머물 수밖에 없다. 그러나 일단 기준이 정해지고 나면 우리 관심의 초점은 자연스럽게 '정해진 기준이 지켜지는가?'로 옮겨 가기 마련이다.

'정해진 분배 기준에 따라 분배가 이루어지는가?'라는 질문은 앞서 제시한 분배의 1~3단계 모두에 해당하는 질문이다. 즉, 단순히 분배 기준이 지켜지는지 아닌지만을 묻는 것이 아니라 모든 분배 단계에서 그리고 모든 분배 참여자에 대해서 그 정해진 기준이 동일 결과 활용 방식에 따라 일관되게 적용되는지를 묻는 것이다.

분배 기준 결정 전 공정		분배 기준 결정 후 공정
불편부당성이 보장된 상태에서 1단계 선택이 이루어지는 것	vs	모든 분배 단계에서 분배 참여자 모두에게 동일 기준과 동일 기준 활용 방식이 적용되는 것

이러한 논리에서 볼 때, 분배 기준이 결정된 이후의 공정은 그 개념의 범위가 당연히 분배 결과 R에 관한 내용을 포함하는 범위까지로 확대된다. 결국 어떤 분배가 정해진 기준에 따라 이루어지는지 아닌지에 관심을 가지는 궁극적인 이유는 분배 결과이기 때문이다.

그럼 이제 이러한 공정에 관한 저자의 생각이 Rawls의 『Justice as Fairness』 개념과 유사하다는 것을 설명하면서 공정에 관한 논의를 일단 마치기로 하겠다. Rawls는 여러 저서에서 다음과 같이 주장한 바 있다. 이 두 가지 주장 중 첫 번째 주장이 바로 저자가 앞에서 설명한 불편부당함으로서의 공정이며, 두 번째 주장이 정의로운 분배는 자유와 평등의 이상적인 조합을 실현할 수 있는 분배라는 저자의 생각과 부분적으로 맥을 같이하는 주장이라고 감히 생각한다.[14)]

- 사회 공동체의 유지·발전을 위해 사회구성원들 사이에서 지켜져야 할 원칙은 '무지의 베일'에 싸여 누구도 자신의 위치를 알지 못하는 원초적 상황하에서 정해져야 한다.
- 사회구성원 사이에 차등 결과를 만들어 내는 분배는 그것이(Rawls가 가장 중요한 가치로 여기는) '평등한 자유'를 보장하기 위함일 때만 정당화될 수 있다.

3. 평등

평등(equality)은 말 그대로 '차이 없음'이다. 분배와 관련된 평등은 그것이 정당한 또는 인정하여 마땅한 차이를 인정한 상태에서의 차이 없음인지 아닌지에 따라 다음과 같이 절대적 또는 수직적 평등과 비례적 또는 수평적 평등으로 나뉜다.

- **절대적/수직적 평등**: 분배 참여자들 간에 존재하는 어떠한 차이도 분배 몫에 관한 결정과 연관시키지 않은 상태에서 모든 분배 참여자에게 동일 양의 이익을 일괄 분배하는 평등
- **비례적/수평적 평등**: 분배 참여자들 간에 정당성이 인정되는 차이를 유발하는 어떤 속성을 기준으로 삼아 분배 참여자를 구분한 다음, 그 속성을 동일 양을 가지고 있는 분배 참여자들에게는 동일 양의 이익을 분배하고, 가지고 있는 속성의 양이 다른 분배 참여자들 간에는 분배될 이익의 양에 차등을 두는 평등

이 두 가지 평등 개념 모두는 각각이 분배의 목적이 될 수 있는 가치(value)임과 동

14) 물론 솔직히 말하자면 저자 역시 Rawls의 정의관에 대해 비판적 견해를 갖는 학자들과 마찬가지로 현실에서 Rawls가 말하는 원초적 상황을 만들어 내는 것이 가능하다고 생각하지 않을 뿐만 아니라, 그가 선호하는 분배 결과를 정의로운 결과라고 생각할 사회구성원의 수는 그렇게 생각하지 않을 구성원의 수보다 과연 실제로 많을지에 대해서도 확신하기 어렵다. Rawls의 정의관에 관한 자세한 논의는 이 책의 제3장을 참고하기 바란다.

시에 정의(justice)의 실체를 규정하는 가치이다. 이 말의 의미를 좀 더 구체적으로 설명하기 위해서 어떤 이익을 분배하기 이전 시점에 한 사회의 구성원들 간에 이미 존재하는 차이의 종류 또는 개수를 X라고 하고, X가 가질 수 있는 변숫값의 범위가 $0 \sim +\infty$이라고 하자. 이제 위에서 소개한 두 종류의 평등 각각을 X를 이용하여 다음과 같이 정의할 수 있다.[15)]

- **절대적 평등**: $X = 0$인 평등
- **비례적 평등**: $0 < X \leq +\infty$인 평등

어떤 사회 S에서 사회구성원들 간에 어떤 이익 I를 분배할 때 제일 먼저 해야 할 것은 X의 값과 내용을 정하는 것이다. 이를 단계 1 결정이라고 부르기로 하자. 만일 X를 0으로 고정하여 분배 이전에 이미 사회구성원들 간에 존재하는 차이 중 어느 것도 분배 참여자 개개인에게 분배될 I의 양을 결정하는 데 영향을 미치지 않게 한 상태에서 I를 분배한다면, 그 분배는 I에 관한 하나의 절대적 평등 실현을 위한 분배가 된다. 왜냐하면 아무런 기준이 존재하지 않을 때 선택 가능한 유일한 분배 방식은 'n명 모두에게 $1/n$씩'이기 때문이다.

그런데 만일 사회구성원들이 어떤 이유에서든 $X=0$을 바람직하게 생각하지 않는다면 어떻게 될까? 그렇다면 아마도 사회구성원들은 단계 1 결정 과정에서 다음과 같은 결정을 내릴 것이다.

- 절대적 평등을 이루는 것만이 분배의 목적이 아니다.
- I를 분배할 때 고려해야 할 차이는 n개이고 각각의 구체적인 내용은 무엇이다.

---

15) 이 개념화는 저자가 보편성과 선별성을 비교·설명할 때 사용하는 개념화이기도 하다. 정책 또는 제도의 대상을 정의하는 데 필요한 기준 또는 조건의 수를 X라고 하면 보편성과 선별성은 다음과 같이 정의되는 개념이다.

보편성: $X = 1$ 선별성: $2 \leq X \leq +\infty$

어떤 정책 또는 제도의 X값이 1이거나 1에 가까울 때 우리는 그 정책을 가리켜 보편적 또는 더 보편적인 정책이라 부르고, X의 값이 $+\infty$에 가까워질수록 그 정책을 선별적 또는 더 선별적인 정책이라 부른다.

그런 다음 단계 2 결정 과정에서는 다음의 두 가지 질문에 대한 답을 찾을 것이고 그 결과에 따라 그것을 분배할 것이다.

- n개 차이 각각을 어떤 방식으로 I의 분배에 고려할 것인가?
- n개 차이 각각을 I의 분배에 반영하여 어떤 수준의 비례적 평등을 실현할 것인가?

그 결과 S의 구성원들은 i에 관해서만큼은 비례적으로 평등해질 것이다. 이러한 의미에서 절대적 평등과 비례적 평등 각각은 분배를 통해 궁극적으로 달성하고자 하는 바, 즉 분배의 목적이 된다.

이번에는 '평등이 정의의 실체가 될 수 있는 가치'라는 말의 의미를 이해해 보기로 하자. 앞서 저자는 정의(justice)의 개념을 '세 개의 변수 X, Y, Z 각각의 값을 정하여 자유와 평등의 조합인 R이라는 분배 결과를 만들어 내는 것'이라고 정의한 바 있다. 어떤 사회 $S1$의 구성원들이 정의로운 R을 다음과 같이 규정한다고 가정해 보자.

정의로운 R = (L만큼의 자유, E만큼의 평등)

그리고 이 사회에서 평등이 E만큼 실현되려면 어떤 이익 i가 사회구성원들 사이에서 분배될 때 어떤 속성 a의 양에 비례하여 (즉, 비례적 평등) 분배되어야 한다고 가정해 보자. 만일 $S1$의 사회구성원들이 (적어도 그들 가운데 다수가) 정의 R을 실현하고자 원한다면 그들은 당연히 앞서 소개한 1~3단계 선택 과정에서 X, Y, Z 각각의 값을 E만큼의 평등 실현을 가능하게 하는 값이 되게(예: $X=x$, $Y=y$, $Z=z$) 선택할 것이고 그 결과 $S1$에는 다음과 같은 실체를 가진 정의(justice)가 실현될 것이다.

정의로운 $R = (L, E) = (X = x, Y = y, Z = z)$

물론 $S1$이 아닌 다른 어떤 사회 $S2$에서는 사회구성원들 사이에 '정의로운 R을 실현하려면 이익 i의 분배 상태가 절대적 평등 상태에 있어야 한다.'라는 생각이 공유되고 있을 수도 있다. 그 경우 다시 강조하건대 정의로운 R, X, Y, Z는 모두 상수가 아니라 변수이므로, $S2$의 구성원들이 생각하는 정의로운 R의 실체는 $S1$의 정의(justice)와 다른 실체가 될 것이다. 어떤 경우가 되었건 평등이 (그리고 당연히 자유도) 정의의 실체를 규정하는 중요한 가치 가운데 하나라는 것은 분명하다고 하겠다.

4. 공평

공평(equity)은 앞서 정의한 비례적 평등의 다른 이름이며 정의의 실체가 될 수 있는 또 하나의 가치이다.[16] 분배에서 공평은 어떤 정당한 차이를 기준으로 한 차등적 분배를 뜻한다. 따라서 공평은 절대적 평등 개념과 상호배타적인 개념이다. 물론 절대적 평등을 다음 두 가지 중 어느 하나 또는 모두로 개념화한다면 공평이 절대적 평등까지 포함하는 개념이라는 주장도 가능할 수는 있다.

- 어떤 기준으로도 사회구성원을 구분하지 않는 것, 그 자체를 기준으로 사용한 분배의 결과로서 나타난 평등
- 어떤 기준으로 사회구성원을 구분한 결과, 그들 간에 아무런 차이가 없음으로 인해 나타난 평등

그러나 앞의 두 가지 경우 모두는 자연적으로 나타날 수 있는 평등이라고 보기는 어려우며 누군가가 어떤 당위성, 예를 들면 '~이어야 한다.'라는 주장에 근거하여 강제에 가까운 인위적인 노력을 하지 않고서는 실현하기 어려운 이상적인 현실 상황이라고 보인다. 따라서 저자는 공평과 절대적 평등의 차이를 일부러 모호하게 하는 것은 타당하지 않다고 생각하며 오히려 두 개념이 상호배타적 관계에 있음을 비례적 평등은 공평, 절대적 평등은 평등이라고 부름으로써 강조하는 것이 바람직하다고 생각한다.

16) 저자는 이 두 가지 명칭 가운데 일상생활에서든 학술적 논의에서든 공평을 사용하는 것이 바람직하다고 생각한다. 따라서 지금부터는 이 책에서도 공평을 사용하기로 하겠다.

저자가 이렇게 생각하는 또 다른 이유는 절대적 평등을 공평 개념의 범위 안에 포함하는 것이 자칫 사람들로 하여금 절대적 평등이 공평 못지않게 중요한 가치임에도 불구하고 '중요한 것은 공평이지 평등이 아니다.'라고 잘못 생각하게 만들 수 있기 때문이다. 공평은 앞서 살펴본 공정만큼이나 그 여부를 판단하기가 쉽지 않은 개념이다. 단적인 예를 들면, 우리가 무언가가 "공평하지 않다."라고 말할 때 그것이 다음과 같은 두 가지 상황 중 어느 하나를 의미하는 것인지 아니면 두 가지 모두를 의미하는 것인지조차도 불분명하다.

- **상황 1**: 사회구성원 간에 존재하는 마땅히 고려해야 할 차이가 고려되지 않은 상태에서 분배가 이루어졌다.
- **상황 2**: 사회구성원 간에 존재하는 차이와 분배될 가치의 양 간의 연관 정도가 적절하지 않다.

이러한 점만 보더라도 공평 여부를 판단하는 것이 결코 만만한 문제가 아님을 쉽게 이해할 수 있다. 만일 공평하지 않다는 말이 상황 1을 의미한다면 우리는 공평과 불공평을 다음과 같이 구분할 수 있다.

- **공평**: 적용하여 마땅한 기준에 따라 사회구성원 간의 차이를 분명히 하고 그렇게 발생한 차이를 분배할 가치의 양과 연관 짓는 것
- **불공평**: 사회구성원 간의 차이를 구분하는 것이 마땅함에도 불구하고 그렇게 하지 않는 것

이와 달리 공평하지 않다는 말에 상황 1뿐만 아니라 상황 2까지 포함된다면 공평 개념의 의미 범위는 다음과 같이 확대되는 것이 마땅하다.

- 정당한 기준 중 실제로 몇 개가 사회구성원을 구분하는 데 사용되었는지
- 사회구성원 간에 존재하는 정당한 차이와 각자에게 분배될 몫이 어느 수준으로 연관되어 있는지

그런데 그 경우 우리는 '그렇다면 무엇이 공평하고 공평하지 않은지를 판단하는 것이 과연 가능하기는 한가?'라는 문제에 부딪히게 된다.

이 문제와 관련해서 많은 정치철학자와 윤리학자가 많은 논의를 해 왔는데, 물론 학자들 간에 다소 차이가 있을 수는 있으나, 논의의 초점은 주로 앞의 두 경우 사이에 존재하는 중요한 공통점을 찾는 데 맞춰져 왔던 것 같다.[17] 그리고 그 공통점은 다음과 같다.

> 사회구성원들 간에 존재하는 정당한 차이는 인정하는 것이 바람직하다.

저자 역시 공평을 상황 2까지 포함하는 개념으로 보는 것은 무리라고 생각한다. 따라서 공평은 앞의 두 상황 가운데 상황 1, 즉 사회구성원 간의 차이 가운데 마땅히 인정해야 하는 차이를 각자에게 분배될 가치의 양과 연관 짓는 분배로 개념화하고, 상황 2는 정치·경제적 타협 및 조정 과정을 통해 결정해야 하는 문제로 남겨 두는 것이 바람직하다고 (실용적인 측면에서 볼 때) 생각한다.

앞의 내용을 정리하면 분배에서 공평은 비례적 평등에 관한 것, 더 구체적으로 말하자면 비례적 평등을 목적으로 하는 것 또는 비례적 평등 원칙에 따른 분배가 이루어지고 있는지 아닌지에 관한 것이다. 고대에서부터 현재까지의 인류 역사 속에서 정의가 항상 철학, 도덕, 정치의 주된 관심사였던 이유는 정의가 절대적 평등에 관한 것이기 때문이기도 하지만, 그보다는 정의가 사회구성원 간의 차이 가운데 과연 어떤 차이를 정당한 차이로 볼 것인가에 관한 문제라는 것이 더 중요한 그리고 매력적인 이유였다고 저자는 생각한다. 그리고 공평이 어쩌면 공정이나 평등보다 훨씬 더 정의와 동일시되는 것도[18] 이와 무관하지 않은 것 같다.

---

17) 저자가 생각하기에는 그렇게 하는 것이 분배와 관련된 공평에 대한 논의가 현실적 유용성이 전혀 없는 공허한 논의로 전락하지 않게 하는 좋은 방법이었던 것 같다.

18) 평등을 정의의 동의어로 사용하는 경우는 대부분 절대적 평등이 아니라 비례적 평등을 정의와 동일 개념으로 보는 경우이기 때문에 실제로는 평등이 아니라 공평을 정의의 동의어로 사용하는 것이다.

제2장

분배 정의

1. 분배 정의의 세 가지 차원
2. 분배 기준
3. 분배 대상: 무엇을 분배할 것인가
4. 분배 단위: 누구 또는 무엇 간에 분배할 것인가

제2장
분배 정의

1. 분배 정의의 세 가지 차원

한 사회의 사회보장을 이해하기 위해서는 그 사회의 분배 정의관을 먼저 이해해야 한다. 왜 그런가? 저자는 이 책 서문에서 두 가지를 언급한 바 있다. 첫째는 한 사회의 사회보장을 다음과 같은 복지정치함수로 정의할 수 있다는 것이다.

사회보장	=	사회구성원 간의 복지 관련 이익·부담 관계	=	f(법, 행정, 재정 | 정의관)

이 함수식에서 종속변수인 사회보장은 한 사회의 구성원들 사이에 존재하는 복지 관련 이익·부담 관계이며, 이 관계는 어느 한 시점에서 그 사회가 가지고 있는 사회보장 관련 법, 행정 그리고 재정이라는 세 가지 정책독립변수에 의해서 결정된다. 따라서 이 세 가지 정책독립변수 중 어느 하나 또는 그 이상의 값에 변화가 있게 되면 사회구성원 간의 복지 관련 이익·부담 관계가 새롭게 설정되는데, 이러한 복지 이익·

부담 관계의 변화 또는 재설정이 바로 사회구성원 간 복지 자원의 분배 또는 재분배이다.

복지 이익·부담 관계의 변화 또는 재설정	=	복지 자원 분배 또는 재분배

둘째, 이 복지정치함수 $f(\ )$는 어느 한 시점에서 사회구성원 대다수가 공유하고 있는 지배적인 분배 정의관에 대한 조건함수이다. 따라서 앞에서 말한 세 가지 정책독립변수와 종속변수 간의 관계는 특정 분배 정의관이 그 사회의 지배적인 분배 정의관일 때 나타나는 관계이다. 그리고 한 사회의 지배적인 분배 정의관은 그 사회의 사회보장 실체를 결정하는 가장 중요한 변수이지만 그 변수의 변숫값은 개개인의 사회구성원이 결정하는 것이 아니라 사회구성원에게 '주어지는 값'인 외생변수이다.

그러므로 어느 한 시점에 한 사회의 사회보장이 왜 어떤 실체를 갖는지를 이해하려면 그 사회의 복지정치함수가 어떤 조건하의 함수인지를 먼저 이해해야만 한다. 즉, 전체로서의 어떤 한 사회로 하여금 그 앞에 열려 있는 선택 가능한 무수히 많은 (법, 행정, 재정) 조합 중 특정 조합을 선택하게 하고, 그 특정 조합으로 정의되는 복지정치함수 과정을 통해 추상적인 사회권을 구체적인 사회보장 급여로 전환하게 만드는, 그 사회의 지배적인 분배 정의관이 무엇인지를 이해하는 작업이 선행되어야 한다는 것이다. 이러한 맥락에서 볼 때 분배 정의에 대한 이해는 거시사회복지실천가가 갖춰야 할 전문 지식 중 하나가 아닐 수 없다.

분배 정의란 한마디로 말해 '각자에게 자신이 받아 마땅한 몫이 분배되는 것 또는 분배되게 하는 것'이다. 한 사회의 분배 정의관을 이해하는 것은, 제1장에서 소개한 정의 개념을 적용할 경우 그 사회에서 어떤 이익 또는 가치(value)를 구성원 간에 분배할 때 그 사회가 다음의 요소를 이해하는 것이다.

- 어떤 분배 원칙을 정의로운 원칙으로 여기는지
- 어떤 분배 결과를 정의로운 결과로 여기는지

그리고 앞서 제1장에서 언급한 바와 같이 '받아 마땅한 몫'은 이미 정해져 있는 어떤 것이 아니라 어떤 분배 원칙에 따라 이루어진 분배, 다시 말하면 어떤 분배 선택을 하여 어떤 분배 결과가 나타나는 것인지에 대해서 그 사회 또는 사회구성원이 마땅하다 또는 마땅하지 않다고 판단하는 것이다.

분배 정의에 관한 논의에서 분배 원칙 못지않게 중요한 요소는 분배 대상과 분배 참여 주체이다. 무엇이 정의로운지 정의롭지 않은지를 판단할 때 '무엇'에 해당하는 것은 분명 분배 원칙이지만 분배 원칙은 무엇을 그리고 누구 또는 무엇 간에 분배하는지에 따라 달라질 수 있기 때문이다. 예를 들면, 소득이나 기회를 분배할 때의 '정의로운 분배 원칙'이 의료서비스를 서로 다른 연령층이나 소득계층 간에 분배하는 상황에서는 정의로운 분배 원칙으로 여겨지지 않을 수 있다. 따라서 분배 정의에 관한 논의는 그것이 다음과 같은 세 가지 차원에서 이루어질 때 비로소 현실성 있는 논의가 된다.

- **분배 기준**: 어떤 기준에 따라 분배할 것인가?
- **분배 대상**: 무엇을 분배할 것인가?
- **분배 참여 주체**: 누구 또는 무엇 간에 분배할 것인가?

그럼 이제 분배 원칙에서부터 이 분배 정의의 세 가지 차원에 관한 논의를 시작해 보기로 하자.

2. 분배 기준

누구 혹은 무엇에게 정의로운 분배 원칙이란 그 누구 혹은 무엇이 선호하는, 자유와 평등의 조합을 (달리 표현하면 자유와 평등에 관한 선호) 실현하기에 가장 적합한 원칙이다. 이때 자유와 평등은 분배를 통해 실현하고자 하는 가치, 즉 분배 목적에 해당하는 것이고 분배 원칙은 그보다 한 차원 아래의 것으로서 제1장에서 소개한 바와 같이 분배 기준과 분배 기준 이용 방식에 관한 것이다.

'정의로운 분배 기준은 무엇인가?' '어떤 속성이 분배 기준이 되는 것이 정의로운가?' 저자는 이 질문에 대한 답을 찾는 과정을 Jennifer Hochschild의 실증적 연구 결과에서부터 출발한다. Hochschild는 1981년에 발표한 『What's Fair』에서 다음과 같은 네 가지 속성을 공정한[1] 분배 기준 그리고 더 나아가서 정의로운[2] 분배 기준으로 여기는 경향이 있다는 사실을 밝힌 바 있다. 이러한 연구 결과에 근거하여 저자는 분배 기준에 관한 논의를 다음 네 가지 속성을 중심으로 시작하는 것이 바람직하다고 생각한다.

욕구, 기여, 공적, 귀속적 특성

1) Hochschild는 『What's Fair』에서 사람들이 생각하는 분배 기준을 'procedure'와 'strict equality'까지 포함하여 총 여섯 가지라고 소개하였다. 저자는 이 가운데 'procedure'와 'strict equality'를 제외하고 네 가지 기준을 이 책에서 다루고자 하는데 그 이유는 두 가지이다. 첫째, 우연 개념에 가까운 'procedure'는 Hochschild 자신도 개념의 모호성과 판단에 필요한 충분한 정보를 얻기 힘들다는 이유에서 분배 기준 논의에서 제외했다. 둘째, 'strict equality'는 절대적 평등이므로 이를 공평, 즉 비례적 평등을 위한 분배 기준에 포함하는 것은 적절하지 않기 때문이다(Hochschild, 1981).

2) 저자는 Hochschild가 Rawls와 마찬가지로 정의를 '공정으로서의 정의'로 인식하고 있다고 생각한다. 그렇기 때문에 저자는 Hochschild가 『What's Fair』에서 'fairness'로 표현한 개념들이 사실은 정의를 뜻하는 개념이라고 봐도 무방하다고 생각한다.

1) 욕구

어떤 사회에서도 사회구성원들이 가진 욕구(need)는 획일적이지 않다. 물론 인간이면 누구나 갖는 공통적인 욕구가 있다는 사실을 부정하는 것이 아니다. 다만 사회구성원 각자가 가진 욕구의 종류와 양에 차이가 존재하는 것은 지극히 자연스러운 현상이라는 것이다. 욕구 차이가 자연스러운 것이라면 그 자연스러운 차이를 분배와 어느 정도 (전부는 아니어도) 연관 짓는 것 역시 자연스러운 것으로 봐야 마땅할 것이다.

이러한 논리에 동의한다면 저자는 한 사회에서 공평 개념이 분배에 적용되려면 그 사회의 구성원들 간에 적어도 다음의 두 가지 것에 대한 명시적 혹은 묵시적인 동의가 있어야만 한다고 생각한다.

- 불평등이 발생할 수 있다.
- 불평등은 '정당한 것'은 아니지만 '불가피한 것'이다.

만일 우리가 이 두 가지 것에 대해서조차 동의할 수 없다면 우리는 "그 누구도 불평등에서 비롯된 이익을 누려서는 아니 된다."라는 주장에 동의해야만 하는 극단적 획일주의에 빠지게 될 것이다. 만일 그렇게 된다면 그 사회는 사람들이 가진 욕구의 종류와 양이 다르다는 사실에 대해서 고민해야 할 이유 자체가 사라진 사회가 될 것이고, 그 사회에서 분배는 '모든 사람에게 동일 몫을'이라는 단순한 문제가 되어 버린다. 그리고 그 사회에서 공평과 평등은 동의어로 여겨질 것이다.

그런데 저자는 적어도 아직까지는 그런 사회를 본 적이 없다. 다시 말하면 공평과 평등을 동의어로 여기는 사회를 보지 못했다는 말이다. 공평이 평등과 다른 개념으로 여겨지려면 '다른 것은 다르게 같은 것은 같게'라는 Aristotele의 주장을 받아들여야만 한다. 따라서 공평 개념이 분배에 적용될 수 있으려면 설령 누군가에게는 그것이 마지못해 하는 동의일지라도, 사회구성원들 사이에 앞의 두 가지 것에 대한 동의가 있어야 한다.

그렇기에 저자는 어떤 사회에서 욕구의 종류와 양이 각자의 분배 몫을 결정하는 기준으로 사용되고 있다면 그 사회의 구성원들은 욕구를 기준으로 한 분배가 가져올 불평등보다 당연히 다음의 것들에 대해서 더 많은 관심을 가질 것이라 생각한다. 그러면서 그 사회에서는 분배가 정의로운지 여부를 판단할 때 욕구를 기준 삼아 공평한 분배가 실제로 이루어졌는지 여부와 함께 다음의 사항들을 판단 기준으로 (어쩌면 후자를 더 기준으로) 사용하는 것 같다.

- 어떤 욕구가 고려되어 마땅한 욕구인가?
- 욕구를 어느 수준까지 충족시킬 것인가?
- 동일 양의 동일 욕구를 가지고 있는 사람들에게는 동일 몫의 자원이 분배되게 하고, 동일하지 않은 양의 동일하지 않은 욕구를 가지고 있는 사람들에게는 서로 다른 몫의 자원이 분배될 수 있게 하기 위해 욕구의 종류와 양을 어떻게 기술적으로 분배 몫과 연관 지을 것인가?

정의로운 분배	정의롭지 않은 분배
1. 특정 욕구가 분배 기준에 반영된 분배 2. 인정하는 것이 마땅하지 않은 욕구가 분배 기준에 반영되어야만 한다면 인정하여 마땅한 욕구보다 낮은 수준으로 반영되는 분배 3. 욕구의 종류와 수준이 동일한 사람들에게 동일 몫이 돌아가는 분배 4. 욕구의 종류와 수준이 다른 사람들 간에 분배 몫이 차등적인 분배	1. 특정 욕구가 분배 기준에서 배제된 분배 2. 인정하는 것이 마땅하지 않은 욕구가 분배 기준에 반영되어야만 할 때 인정하여 마땅한 욕구의 반영 수준과 같거나 더 높은 수준으로 반영되는 분배 3. 욕구의 종류와 수준이 동일한 사람들에게 동일 몫이 돌아가지 않는 분배 4. 욕구의 종류와 수준이 다른 사람들 간에 분배 몫이 차등적이지 않은 분배

물론 앞의 사항들이 정의 판단의 준거가 되는 것이 타당한지에 대해서 각자가 가진 생각은 매우 다를 수 있다. 이미 앞서 언급한 바와 같이 저자는 욕구의 종류, 욕구의 수준 그리고 욕구와 분배를 연관하는 방식은 공평 원칙을 분배에 적용할 때 고려해야 하는 기술적인(technical) 사항이라고 본다. 따라서 앞의 1~4번 사항 가운데 3번과 4번 사항이라면 모를까 1번과 2번 사항까지 정의 판단의 잣대로 인정하는 것

은 자칫 정의 개념에서 일반성, 타자의 이익, 공동 이익 같은 속성을[3] 제거해 버림으로써 정의를 지극히 사적인 것 또는 특정 욕구를 공유하는 일부 집단에 관한 것으로 격하시키는 위험을 초래할 가능성이 있으므로 바람직하지 않다고 생각한다.

그렇다고 해서 저자가 1번 또는 2번 사항을 절대 고려하지 말아야 한다고 주장하는 것은 결코 아니다. 어떤 욕구 집단은 다른 욕구 집단보다 상대적으로든 절대적으로든 훨씬 더 열악한 상황에 있을 수 있으니 분배에 반영할 욕구의 우선순위를 정할 필요는 분명히 있다. 다만 저자는 모든 욕구를 펼쳐 놓고 그들 간의 우선순위를 정한다는 것이 사실상 불가능하므로 그보다는 욕구가 정의로운 분배 기준이 되려면 어떤 조건이 충족되어야 하는지를 고민하는 것이 정의 개념의 본질을 '일부를 위한 것'이 아니라 '사회구성원 모두를 위한 것'으로 유지하면서 정의를 그나마 실현할 수 있는 길이라는 것을 주장하는 것이다.

저자는 어떤 사회에서든 욕구가 정의로운 분배 기준이 되려면 적어도 다음의 세 가지 조건이 전제되어야 한다고 생각한다.[4]

- **조건 1**: 모든 사회구성원이 동등한 가치를 지닌 존재라는 확신이 있을 것
- **조건 2**: 모든 사회구성원이 분배할 자원을 생산하는데 각자의 능력에 상응하는 만큼 기꺼이 참여할 것이라는 확신이 있을 것
- **조건 3**: 욕구에 비례하여 분배되는 자원의 최댓값이 상대적으로든 절대적으로든 사전에 정해질 것

예를 들어, 사회구성원 모두가 동등한 가치를 가진 존재라는 사실에 대한 확신 수준이 다른 사회에 비해 현저하게 낮은 어떤 사회가 있다고 가정해 보자. 이 사회의 구성원들이 자연권적 (또는 생득적) 인권에 대한 강한 확신을 공유하고 있다면 모를까 그나마도 아니라면 이 사회에서 욕구는 정의로운 분배 기준이 되기 어려울 것이다. 왜냐하면 '너는 기여하고 나는 누린다.'라는 식의, 자신의 가치가 다른 사람들의 가치

3) Aristotele는 정의를 논할 때 이 두 가지 속성을 매우 중요하게 여겼다. 보다 자세한 내용은 Aristotele의 『Nicomachean Ethics』 제4권과 제5권을 참조하기 바란다(Aristotle, 2008).

4) 저자가 이 세 가지 전제 조건이 전부라는 주장을 하는 것이 결코 아님을 이해하기 바란다.

보다 높게 평가되어 마땅하다는 생각에 사로잡혀 (타인의 가치를 무시하기까지는 아니더라도) 능력은 있으나 기여하지 않는 사회구성원이 다수인 (그렇지 않은 구성원의 수보다) 사회는 다음과 같은 문제에 필연적으로 직면하게 되기 때문이다.

분배할 자원을 마련하는 데 따르는 부담의 불공평한 분배

그리고 그 부담의 불평등 분배 문제는, 방치될 경우, 분배 가능한 자원의 양 자체를 감소시키는 결과로 이어져 궁극적으로는 공동체의 결속을 무너뜨리는 결과를 초래할 것이다.[5] 이러한 이유에서 저자는 두 조건이 모두 중요하지만 굳이 상대적 중요성을 가늠하자면 조건 2가 조건 1보다 더 중요한 것이 아닌가 생각한다.

조건 3은 한 사회에서 욕구가 유일한 분배 기준이 되지 않게 하는 데 필요한 조건이다. 저자는 이 조건이 앞서 소개한 두 조건에 대해서 사람들이 동의하는 수준과 유사한 수준의 동의를 얻기는 어려울 것이라고 생각한다. 그러나 어떤 사회에 정의로운 분배 기준이 단 하나밖에 없다는 것은, 그 기준이 욕구든 아니든 상관없이, 바람직한 현상이 절대 아니라는 것을 생각해 본다면 사람들의 생각은 분명히 달라질 것이다.

왜 그런가? 정의로운 분배 기준이 단 하나밖에 없는 사회가 전체주의 사회로 치닫지 않을 가능성이 매우 낮다는 것이 한 가지 이유이며, 특정 가치를 어떤 제약도 받지 않은 상태에서 극대화(또는 극소화)할 수 있다면 그런 자유는 자칫 정의로운 분배를 실현하는 길이 아니라 정의 실현이라는 명분 아래 부정의를 정당화하는 독재적 자유와 유사해질 수 있다는 것이 또 다른 이유이다. 저자는 이 두 가지 예만으로도 우리가 왜 조건 3을 조건 1이나 조건 2 못지않은 중요한 조건으로 여겨야 하는지를

---

5) 단적인 예를 들자면, 2018년 기준 한국 근로소득세 대상자 가운데 면세자의 비율이 38.9%에 달하는 현실이 갖는 의미가 상징적인 것에 불과하다고 생각하는 사람이라면 모를까, 이러한 현실을 그대로 방치한 상태에서 더 높은 수준의 누진율과 불로소득에 대한 과세를 통해 조세 정의를 실현해야 한다는 말을 듣는 사회구성원 가운데 적지 않은 사람은 그런 주장에 (반드시 그런 주장이 틀린 주장이라는 생각 때문에서가 아니라) 저항감을 느끼지 않을 수 없을 것이다.

충분히 이해할 수 있다고 생각한다.

아마도 바로 지금이 우리 인간이 정의를 논하는 근본적인 이유에 대해서 생각해 보기에 가장 좋은 순간인 것 같다. 사람들은 도대체 왜 그토록 오랜 시간에 걸쳐 정의에 대해 고민해 온 것일까? 이 질문에 대한 저자의 답은 다음과 같다.

인간의 삶에 자유와 효율과 평등 모두가 중요하기 때문이다.

이러한 저자의 생각은 Wilkinson이 『Freedom, Efficiency and Equality』에서 주장한 바와 매우 유사한 생각이기도 하다(Wilkinson, 2000). 분배 정의가 이 세 가지 가치 중 어느 하나를 선택하고 나머지 것들을 포기해야만 하는 것은 아니다. 저자에게 있어서 정의로운 분배는 다음과 같은 분배이다.

정의로운 분배는 자유와 효율과 평등이 조화 속에서 이루어지는 분배

물론 자원이 무한하다면 사회구성원들 간에 어떤 기준에 따라 자원을 분배해야 할지를 고민하는 것 자체가 무의미해진다. 효율이 중요한 이유는 제한된 자원을 더 갖고자 원하는 사회구성원의 수가 덜 갖고자 하는 사회구성원의 수보다 적은 경우가 이제까지 시대와 장소를 막론하고 한 번도 없었기 때문이고 앞으로도 없을 것이기 때문이다.

평등은 어떠한가? 인간이 평등한 존재라는 신념을 지키기 위해서 인간은 한때 우리가 절대로 초월할 수 없는 존재인 신(god)에 의존했었다. 그리고 그러한 의존이 낳은 부작용의 해악을 경험한 인류는 근대의 시작과 함께 신 대신 역시 우리가 거스를 수 없는 존재인 자연을 그 근거로 삼으면서 인간이 평등하다는 생각의 정당성을 확보하였다. 그러다가 근대에서 현대로 오면서 우리 인간은 자연보다는 이성에 더 의존하게 되었고 도덕성에 근거하여 인간이 평등하다는 신념을 지켜 왔다.

무엇인가에 의존해야만 인간이 평등하다는 신념을 지킬 수 있다는 것이 아이러니

가 아닐 수 없다는 생각은 논의에 도움이 되지 않기 때문에 잠시 잊기로 하면 이러한 의존적 신념 보존의 역사는 평등이 인간에게 그만큼 절박하고 중요한 개념이라는 사실을 우리에게 잘 말해 준다. 지금은 어리석은 선택이었다는 것이 분명해졌지만 한때 우리 인간은 (물론 일부가) 더 완벽한 평등을 얻을 수 있을 것이라는 생각에 공산주의·사회주의라는 극단적인 선택까지 했던 적이 있다. 그런 선택까지 했던 우리 인간이 '과연 그 무엇을 위해 평등을 감히 희생할 수 있을까?'라는 질문을 스스로에게 던져 볼 때마다 저자는 평등은 결코 효율이나 자유를 위해 포기되지 않을 것임이 분명하다는 답을 늘 얻게 된다.

만일 우리가 사람들 사이에 유전적인 차이가 있다는 것은 인정하지 않을 수 없는 현실이고 그러한 유전적 차이가 사회적 차이로 이어지는 것을 막기란 사실상 불가능하다고 생각하면서 (왜냐하면 그 두 가지 간의 인과관계를 만들어 내는 존재가 다름 아닌 우리 인간 자신이므로) 사람이 다르게 대우받는 것은 당연하다는 자연주의적 오류(naturalistic fallacy)를 오류가 아닌 자연의 섭리로 받아들인다면 인간이 도덕성을 가진 존재라는 것이 과연 무슨 의미이겠으며, 도덕성이 공허하기 짝이 없는 상징적 개념에 불과하다면 정의를 논하는 것은 또 무슨 의미가 있겠는가?

정의 개념에서 평등 개념이 사라진다면 효율조차 평등하게 우월한 극소수 사람들이 결정할 문제가 되어 버려 우리들 가운데 거의 모두는 그에 대해서 고민할 필요조차 없어질 것이다. 그리고 정의는 고대 신분제 사회의 정의로 퇴보하게 될 것이다. 그럼 이제 각자가 더도 말고 한 번만 진지하게 생각해 보자. 필요하다면 Rawls가 제안한 무지의 베일을 구해 써야겠지만 굳이 그렇게까지 하지 않고서도 얼마든지 생각할 수 있는 아주 단순한 다음과 같은 질문을 각자 스스로에게 해 볼 수 있다.

> 그런 사회에서 과연 나는 어떤 신분을 가진 존재일까?

그런데 만약 우리가 이제까지의 논의에 근거하여 평등을 지키기 위해 효율을 희생하기로 한다면 그에 따르는 부담은 누가 져야 하는가? 아마도 많은 사람이 '사회'라고 답할 것이다. 그런데 그 사회가 자신이 포함된 사회인지 자신이 포함되지 않은 사회인지가 불분명한 것이 문제이다. 이를 확인할 방법이 있기는 하다. 한 가지 방법은 평등을 위해 효율의 희생을 정당화하는 사람들에게 평등을 실현하기 위해서 더 많은 부담을 감내해 주기를 부탁하고 그들이 어떤 반응을 보이는지를 관찰하는 것이다.

이 장의 뒷부분에서 '무엇을 분배할 것인가?'에 관하여 논의할 때 자세하게 이야기하겠지만 우리 사회의 구성원 가운데 적지 않는 사람들이 '나 정도의 삶을 살아가는 사람은 절대로 더 부담해야 하는 계층에 속할 리가 없다.'고 확신하고 있으며, 그러한 확신이 '효율과 평등을 사회적 판단이라는 저울의 양쪽 접시 위에 각각 올려놓으면 저울은 항상 평등 쪽으로 기울 것이다.'라는 생각으로 이어지는 것 같다. 그러다가 자신이 바로 그 '더 부담해야 하는 계층'임을 알게 될 때 비로소 사람들은 저울이 효율과 평등 중 어느 쪽으로 기울어질지는 (또는 기울어져야 하는지는) 신념만의 문제가 아니라는 부담이라는 현실의 문제라는 사실을 깨닫기 시작한다.[6] 그리고 이러한 부담에 관한 생각을 하다 보면 사람들은 자유라는 또 하나의 중요한 가치에 대해서 생각해 보지 않을 수 없게 된다.

자연주의적 오류와 정반대로 인간은 상호 대등한 존재이므로 동등하게 대우되어야 하는 것이 마땅하고 타고난 유전적 차이는 고려해서는 아니 된다는 생각을 가리켜 도덕주의적 오류(moralistic fallacy)라고 한다. 저자는 사람들이 도덕적 오류를 오류로 보는 것과 인간이 자유에 대해 갖는 강한 선호가 (본능이라고 할 수 있는) 무관하지 않다고 생각한다. 인권 개념이 법으로 구체화된 최초의 사건을 1218년에 만들어

---

6) 그리고 그때까지는 전혀 언급하지 않았던, 부도덕하기 짝이 없는 '가진 자들'이 바로 더 부담해야 하는 계층이라고 주장한다. 그러면서 현재 자신에게 허락된 (절대로 자신이 '만들어 낸'이 아닌) 삶의 조건 중 대부분은 우연에서 비롯된 것이라는 한결같은 주장을 통해서 자신과 그들이 의도하지 않은 행운과 의도적 부도덕함이라는 명확한 선에 의해 구분된다는 것을 강조하는 것도 잊지 않는다. 누가 봐도 위선적 좌파 또는 소위 강남좌파에 해당하는 삶의 조건을 갖춘 사람들이 이 부류 중에 많은 것은 아마 단순한 우연일 것이다. 그들 중 적지 않은 수는 그들이 사실은 그 선의 '이쪽'이 아니라 늘 '저쪽'에 있었던 것이 밝혀지는 당혹스런 경험을 하곤 한다. 그런 상황이 닥쳐도 그들은 침착하게 비록 자신이 선의 저쪽 편에서 살아 오기는 했지만 그럼에도 불구하고 남들에게는 평등해야 함을 역설할 수 있는 도덕적 우월성을 가진 존재임을 주장한다. 평등의 가치 그 자체는 이러한 인류 역사 속에 늘 있어 왔던, 그러나 없었더라면 좋았을 존재들 때문에 결코 훼손되지 않을 것이라고 저자는 믿는다. 다만 그런 존재들을 보면서 사회구성원들이 평등의 가치를 점점 더 인정하지 않게 되는 것이 안타까울 따름이다. 평등의 중요성이 사라진 (물론 자유, 효율도 마찬가지지만) 정의는 생각할 수가 없기 때문이다.

진 마그나카르트타로 본다면 공민권, 정치권, 사회권 가운데 가장 먼저 인간이 획득하고자 했던 권리는 다름 아닌 자유권 그리고 더 구체적으로 말하자면 소유의 자유였다. 평등한 정치 참여나 인간답게 살기 위해 필요한 사회적 자원에 대한 평등한 접근성은 자유 다음의 문제였던 것이다.[7] 물론 평등이 자유보다 덜 중요하기 때문이 아니라 평등이 그만큼 실현하기 어려운 것이었기 때문에 가장 늦게 권리로 인정된 것일 수 있다. 힘 있는 사람들의 자유가 우선시되고 힘 있는 사람들의 욕구가 먼저 충족되는 효율이 어제오늘의 일이 아니기 때문이다.

그럼에도 불구하고 저자는 자유가 없는 상태에서 평등이나 효율을 추구하기가 평등이나 효율이 없는 상태에서 자유를 추구하기보다 훨씬 어려운 일이라고 생각한다. 우리가 살아가는 사회가 각자가 가진 능력을 발휘할 수 없고, 자신이 원하는 바를 추구할 수 없는 사회라면 그런 사회에서 불평등을 초래할까 걱정할 만한 발전이나 성과를 과연 얼마나 기대할 수 있겠는가. 또한 그런 발전이나 성과를 기대할 수 없는 사회에서 자원은 시간이 지날수록 어차피 더 희소해질 것이니 효율은 우리가 걱정하든 걱정하지 않든 상관없이 힘 있는 자가 자의적으로 정의한 평등 개념에 맞게 어떻게든 처리되지 않겠는가?

자유가 없는 삶은 평온하기 그지없을 것임이 분명하다. 다만 살 가치가 없을 만큼 무의미한 삶일 뿐이라는 것이 저자의 생각이다. 이와 유사한 생각을 저자는 Friedrich Hayek가 1944년에 출간한 책 『The Road to Serfdom』의 마지막 부분에서 인용한 Benjamin Franklin의 말에서 발견한다.

> "약간의 일시적 안전을 위해 본질적 자유를 포기하는 사람은 자유와 안전 그 어느 것도 누릴 자격이 없다(Those who can give up essential liberty to obtain a little temporary safety deserve neither liberty nor safety)."

물론 그렇다고 해서 저자는 평등과 효율의 가치가 부정되거나 자유에 비해 열등한

---

7) 물론 이 또한 존재의 '순서'를 '단위의 정도'로 착각하는 또 하나의 자연주의적 오류일수 있다.

가치로 여겨지는 정의가 존재할 수 있다고는 절대로 생각하지 않는다. 다시 말하건대 저자에게 있어서 정의는 한정된 자원 제약하에서 선택할 수 있는 무수히 많은 자유와 평등의 조합 가운데 그 사회가 선택한 자유와 평등의 조화점이다.

> 정의(justice): 한정된 자원 제약하에서 선택한 자유와 평등의 조화점

그럼 이제 다시 욕구 기준에 관한 논의로 돌아가 보자. 만일 어떤 사회에서 욕구 기준에 관한 두 번째 전제 조건이 충족되는지 여부가 심각한 수준으로 의심되거나 충족 정도가 실제로 매우 낮을 경우, 사회구성원 중 다수는 욕구에 따른 분배보다는 사회에 대한 각자의 기여 또는 노력에[8] 비례하여 각자의 몫을 결정하는 것을 정의로운 분배로 여길 가능성이 크다.

물론 노력이 분배의 기준이 되기 위해서는 앞서 욕구의 경우와 마찬가지로 다음과 같은 몇 가지 전제 조건이 필요하다.[9]

> - **조건 1**: 모든 사람이 저마다의 방식으로 사회를 위해 기여할 능력을 가지고 있다.
> - **조건 2**: 각자는 자신이 가진 능력을 기회가 있을 때 반드시 행동으로 옮긴다.
> - **조건 3**: 기여에 비례하여 분배 받을 수 있는 자원의 최댓값이 사전적으로 설정되어 있다.

조건 1은 모든 사람이 저마다의 방식으로 사회를 위해 기여할 능력을 가지고 있어야 한다는 것이다. 예를 들어, 단 세 사람 A, B, C만 존재하는 어떤 사회에서 A와 B는 할 수 있지만 C는 할 수 없는 어떤 기여 X를 분배 기준으로 삼고 있다고 가정해 보자. 물론 어떤 기준도 사회구성원 모두의 동의를 얻어 정의로운 분배 기준이 되는 경우는 없다. 따라서 '다수가 원하는'이라는 일반적인 원칙을 적용하여 A와 B 두 사람이 다수이므로 X가 정의로운 분배 기준이 될 수는 있다.

---

8) Hochschild(1981)는 이를 투자(investment)라고 부른다.

9) 앞서 욕구에 관하여 논의하면서 이미 언급했듯이 저자는 이들 세 가지 전제 조건이 포괄적인 조건이라는 주장을 하는 것이 아님을 다시 한번 강조하고자 한다.

그러나 앞의 조건 1이 말하는 것은 그렇게 하기보다는 C가 할 수 있는 기여 Y를 A와 B만이 할 수 있는 기여 X와 함께 마땅히 인정해야 할 기여로 보는 것이 더 광범위한 '정의로운 분배 기준'을 가질 수 있는 조건이라는 것이다. 그리고 더 나아가서 만일 X만을 정당한 분배 기준으로 본다면 이 사회에서 C에게 0이 아닌 분배 몫이 돌아갈 수 있을지는 정의의 문제가 아니라 자비나 동정의 문제가 되어 버린다는 것도 다양한 기여를 인정해야만 하는 또 다른 이유임은 두말할 나위가 없다고 하겠다.

조건 2는 바로 그 각자가 가진 능력이 잠재력에서 머무는 것이 아니라 실제 행동으로 옮겨져야 한다는 것이며, 조건 3은 욕구와 마찬가지로 기여가 (그것이 무엇이든) 유일한 분배 기준이 되지 않게 하기 위해서 기여에 비례하여 분배되는 자원의 최댓값이 상대적으로든 절대적으로든 사전에 설정되어야 한다는 것이다. 조건 2는 그 의미와 필요성이 자명한바, 별도의 설명은 불필요하다고 생각한다. 아울러 조건 3에 관한 설명 역시 앞서 욕구에 관해 논의할 때 충분히 했다고 판단되므로 역시 생략하기로 하겠다.

2) 공적

공적(merit)에 따른 분배란 한마디로 각자가 '이루어 낸 결과'에 비례해서 자원을 분배하는 것이다. 아마도 공적 기준은 '기여가 전제 되지 않은 욕구'나 '성과로 이어지지 않은 노력'에 따라 자원을 분배하는 것이 과연 정의로운 분배인가?'라는 생각을 가진 사람들 사이에서 가장 선호되는 분배 기준일 것이다.

그런 생각을 가진 사람들에게 노력은 욕구보다는 선호되는 기준이겠지만(물론 모두가 그렇다는 것은 아니겠지만) 그럼에도 불구하고 노력은 사실상 좋은 의도 또는 좋은 과정에 가까운 것으로서 결과인 공적과는 분명한 차이가 있다. 공적에 비례한 자원 분배는 노력이 아주 작은 성과로도 이어지지 못한 경우를 제외하고는 노력의 가치를 모두 인정할 수 있다. 이에 비해 노력에 비례한 분배는 공적의 크고 작음의 차이를 다음의 두 조건이 동시에 충족되는 경우를 제외하고는 전혀 인정하지 못한다.

- **조건 1**: 노력이 항상 성과로 이어진다.
- **조건 2**: 성과의 양은 노력의 양에 비례한다.

따라서 합리적인 사람이라면 욕구와 노력과 공적에 대한 선호가 당연히 다음과 같이 이행적(transitivity)이어야 한다.

노력과 욕구 중 노력을 더 선호하는 사람은 노력과 공적 중 항상 공적을 더 선호한다.

그런데 혹시라도 이 세 가지에 대한 선호가 이행적이지 않은 경우, 즉 욕구보다 노력이 선호되나 노력보다 공적이 선호되지 않는 경우가 발생한다면 아마도 그 유일한 이유는 행운의 도움을 받아 이룬 공적은 분배의 기준이 되어서는 아니 된다는 신념 때문이지 않을까 생각한다.[10)]

행운을 행운이라고 부르는 것은 그것이 확률적인 것, 즉 무작위적인 것이기 때문이다. 사회구성원 중 누구의 인생이 행운의 도움을 받을지는 무작위적으로 결정된다는 것이다. 그런 무작위성에서 비롯된 공적 차이를 인정하지 말아야 할 것으로 여긴다면 불행에서 비롯된 피해도 인정하지 않는 것이 옳은가? 행운에서 비롯된 공적 차이를 인정하면 안 된다고 보는, 그렇기 때문에 공적보다 노력을 더 정의로운 기준으로 여기는 주된 원인은 생물학적 행운이나 사회적 행운 그 자체에 있다기보다는[11)] 다음과 같은 두 가지 사실 때문이라고 할 수 있다.

10) 이러한 주장을 한 대표적인 사람으로는 John Rawls를 꼽을 수 있다. Rawls는 1971년에 출간된 그의 책『A Theory of Justice』에서 어떠한 생물학적 행운이나 사회적 행운으로 인해 발생한 차이도 인정되어서는 아니 된다는 입장을 분명하게 밝혔다.

11) 만일 생물학적 행운에서 비롯된 차이를 인정하지 않는다면 머리 좋은 사람들이 고도의 지식과 전문성을 필요로 하는 일에 종사하기 때문에 더 많은 몫을 분배받는 것이나, 신체조건이 조금이라도 다른 선수들이 팀을 이뤄 벌이는 스포츠 경기는 모두 부정의가 될 것이다.

- 생물학적 차이나 사회적 차이가 차별로 이어진다.
- 사회적 행운이라고 불리는 것들 가운데 상당수가 실제로는 무작위적인 행운이 아니다.

이 두 가지 현상을 사실이라고 말할 수 있는 근거는 그것들이 실제로 존재하는 현상임을, 인류가 문자로 기록을 하기 시작한 이후 지금 우리가 이 책을 읽고 있는 이 순간에 이르는 인류의 역사가 잘 말해 주고 있기 때문이다. 그렇기 때문에 이러한 사실로부터 공적이 분배 기준이 되는 데 필요한 다음과 같은 최소한의 전제 조건이 자연스럽게 도출된다.

- **조건 1**: 생물학적 차이나 사회적 차이가 차별로 이어지지 않는다.
- **조건 2**: 기회와 조건의 평등이 이루어져 있다.
- **조건 3**: 공적에 비례하여 분배받을 수 있는 자원의 최댓값이 사전적으로 정해져 있다.

그리고 공적에 비례한 자원 분배는 이러한 전제하에서 이루어질 때만이 경쟁체계가 가난하게 출발한 사람도 큰 부를 쌓을 수 있는 유일한 체계라는 Hayek의 주장이 설득력을 얻을 수 있다(Hayek, 1944).

인간을 효율적이고, 창의적이고, 어려움과 실패 앞에서 무릎 꿇지 않게 하고, 발전과 성장이라는 모호한 지향점이 아니라 오늘보다 내일 더 나은 존재가 되고자 하는 구체적인 목표를 이루기 위해 노력하게 만드는 가장 근본적인 원동력은 '이루어 낸 것'에 대한 인정이다. 동시에 그것은 인간이 물질적으로뿐만 아니라 정치적으로도 자유로워질 수 있는 가장 근본적인 힘이라고 저자는 생각한다.

'이루어 낸 것'의 정당성에 대한 합리적 의심은 앞의 세 가지 전제 조건이 충족되지 않을 때 나타난다. 물론 시기심도 합리적 의심 뒤에 숨어 같이 나타나지만 막을 길이 없으므로 시기심을 정치적으로 이용하는 정치인들을 단죄할 수 있을 만큼 사회 구성원들의 역량이 커질 때까지 기다릴 수밖에 없다. 이러한 맥락에서 볼 때 저자는 어쩌면 자원 분배를 공적에 비례하여 한다는 것 그 자체보다 앞의 세 가지 전제 조건이 더 중요할 수 있다고 생각한다. 엄밀히 말해서 앞의 세 가지 조건 가운데 조건 1과 조건 2는 평등이다. 따라서 앞의 두 가지 전제 조건은 결국 공적이라는 맥락에서 평등의 중요성을 재확인해 주는 조건들인 셈이다.

그런데 이처럼 평등이 정의에 있어서 중요한 요소임에도 불구하고 저자는 평등의 역할은 '없어서는 안 될 조력자'라고 생각한다. 자유와 평등과 효율은 어느 것도 다른 어느 것을 위해서 희생되어서는 안 되는 정의 개념의 세 가지 대등한 축이다. 그럼에도 불구하고 누군가가 저자에게 "도대체 정의가 당신에게 왜 중요합니까?"라고 물으면 저자는 순간의 망설임도 없이 "자유롭기 위해서"라고 답할 것이다. 그리고 그렇기 때문에 공적에 비례한 자원 배분이 가져올 수 있는 모든 해악의 총량이 욕구나 기여가 기준일 때의 해악의 총량보다 자연이 저자에게 허락해 준 이성, 도덕성 그리고 양심이라는 세 가지 잣대 모두에 비춰 볼 때 용인할 수 없을 정도로 크지 않는 한 공적에 비례한 분배를 정의로운 분배로 여길 것이다.

3) 귀속적 특성

귀속적 특성은 선천적 특성이라고도 일컬어지는 것으로서 성별, 연령, 인종, 지능, 적성, 재능 건강 등이 대표적인 예이다. 이러한 개인의 귀속적 특성(이하 특성)을 분배 기준으로 사용할 수 있는가? 두 가지 구체적인 예를 통해서 이 질문에 대한 답이 '그렇다'임을 확인할 수 있다. 첫째, 「대한민국헌법」 제31조 1항에는 다음과 같은 내용이 규정되어 있다.

> 모든 국민은 능력에 따라 균등하게 교육을 받을 권리를 가진다.

이 조항에 명시된 능력은 그 의미가 다양하게 해석될 수 있으며, 개인의 귀속적 특성인 지적 능력으로도 해석될 수 있다. 따라서 각자 자신의 능력에 맞는 교육을 받을 수 있음을 명시한 이 법 규정이 바로 귀속적 특성이 자원 분배의(이 경우 자원은 교육서비스일 수도 있고, 교육 기회 등일 수도 있다.) 기준이 될 수 있는 법적 근거가 존재함을 보여 주는 예이다.

둘째, 현재 한국에서는 특성을 기준으로 자원을 분배하는 많은 제도가 시행되고 있다. 대표적인 예로 65세 이상 노인을 위한 무료 승차제도를 꼽을 수 있다. 이 제도는 지난 1980년 5월 8일 서울특별시가 70세 이상 노인들을 대상으로 대중교통 요금의 50%를 할인해 주는 제도로 도입하였고, 1984년 65세 이상 노인에게 무료로 전철을 이용할 수 있게 하는 무료 전철 승차제로 확대되어 지금까지 실시되고 있다. 이는 곧 연령을 기준으로 하여 사회의 자원을 분배하는 제도이다. 이뿐만 아니라 현재 한국에서 실시되고 있는 아동수당, 장애인수당 등과 같은 모든 보편적 수당제도들도 적게는 1개에서 많게는 2~3개의 정도의 특성을 기준으로 자원을 분배하는 제도들이다.

저자는 심지어 Aristotele가 『The Politics』에서 소개했던 그 유명한 류트의 비유에서 '류트를 가장 잘 연주하는 사람에게 류트를 주는 것이 마땅하다.'는 주장이 존재의 목적을 실현하여 공동체에 기여하는 것의 중요성 못지않게 류트를 가장 잘 연주할 수 있는 능력, 즉 개인 특성의 중요성을 강조하는(의도한 바는 아니지만) 주장이라고 생각한다.[12)]

이러한 개인의 특성을 분배 기준으로 사용하는 것과 관련해서 우리는 몇 가지 것들에 대해서 반드시 생각해 볼 필요가 있다. 그 가운데 하나는 개인의 특성이 분배 기준으로 사용될 수 있는 이유가 특성 그 자체가 어떤 가치를 가지고 있기 때문이어서가 아니라 특성이 어떤 가치에 대한 지표이기 때문이라는 사실이다.

앞서 들었던 무료 승차제도의 예에서 '65세 이상'이라는 특성은 그 연령대의 사람들이 노동시장에서 이탈하여 소득이 감소 또는 중단됨에 따라 공통적으로 갖게 되는 재정적 지원의 필요성을 나타내는 지표이거나 현재 65세 이상의 노인 세대가 젊은

---

12) Aristotele는 『The Politics』의 제12장 정의와 평등에서 다음과 같은 예를 통해서 자신의 정의관을 설명하였다. "여기 있는 최고의 류트를 (관악기의 한 종류) 세 명의 지원자 중 누구에게 줄지 선택해야 한다. 한 사람은 매우 아름답지만 류트를 연주할 줄 모르는 사람이다. 또 한 사람은 특별히 아름답지는 않지만 귀족 집안 출신이며 보통 수준으로 류트를 연주한다. 마지막 지원자는 귀족 집안에서 태어나지도 않았고 특별히 아름답지도 않지만 매우 뛰어난 류트 연주가이다. 이 세 사람 가운데 누구에게 류트를 줘야 하는가(Aristotele, 2003)?"

시절 사회를 위해 했던 모든 기여의 가치를 나타내는 지표이기 때문에 연령 65세 이상 여부를 기준으로 자원을 분배하는 것이 가능하다는 것이다.

이처럼 특성은 표면을 한 층만 들어내고 들여다보면 그것이 우리가 앞에서 살펴본 욕구, 기여, 공적 가운데 어느 하나와 사실상 유사 내지 동일하다는 것을 알 수 있으며, 그렇기 때문에 분배 기준으로서의 특성에 관한 논의가 결국 욕구, 기여, 공적과 관련하여 앞서 했던 논의와 다르지 않다는 것을 알게 된다.

또 한 가지 생각해 봐야 할 것은 대부분의 특성은 단순히 시간이 지나면 저절로 발휘되어 어떤 구체적인 결과로 실현되는 것이 아니라는 사실이다. 잠재력, 소질, 재능 같은 개인의 특성이 실질적인 능력이나 기술로 전환되려면 교육과 훈련이 필요하며, 거기에 실질적인 기회가 더해져야 실제로 발휘되어 비로소 구체적인 기여 또는 공적으로 실현될 수 있다. 그렇다면 분배 기준이 되어야 하는 것은 특성인가, 특성에 대한 투자인가, 아니면 특성이 실현된 결과인 기여나 공적인가?

마지막으로 분배 기준으로서의 특성은 욕구, 기여, 공적에 비해 보편성은 상대적으로 높은 반면, 정확성은 상대적으로 낮다는 사실에 주목해 볼 필요가 있다. 앞서 들었던 예에서 '연령 65세 이상'이라는 특성 기준을 적용하면 (다른 기준을 함께 사용하지 않는다는 전제하에서) 욕구, 기여, 공적 중 어느 것을 기준으로 적용할 때보다 많은 사회구성원 사이에서 분배가 이루어질 수 있게 할 수 있다. 이때 문제는 '65세 이상의 모든 노인이 동일한 욕구를 가지고 있거나 사회적으로 인정받아 마땅한 기여나 공적을 가지고 있는가?'라는 것이다. 결국 높은 대상 포괄성은 항상 낮은 대상 효율성이라는 대가를 치러야만 얻을 수 있는 장점이다.

따라서 특성을 분배 기준으로 사용하기 위해서는 이러한 장점과 단점 가운데 어느 쪽이 더 큰지를 반드시 따져 봐야만 한다. 이는 정의 개념의 세 가지 축 가운데 하나인 효율과 직접적으로 관련이 있는 문제이기 때문이다. 그리고 어쩌면 그보다 먼저 만일 개인의 특성이 그것이 가진 높은 포괄성으로 인해 필연적으로 '각자 자신이 받아 마땅한 몫을 받는 것'에서 많이 벗어난 분배 상태를 초래한다면 개인의 특성이 과연 사람들이 정의로운 분배 기준에게서 기대하는, '기준으로서의 정당성을 가진 기준인가?'라는 보다 근본적인 질문에 대한 답을 찾는 작업이 이루어져야 할지도 모른다.

앞에서와 같은 이유 등을 고려해 볼 때 저자는 귀속적 특성을 분배 기준으로 사용하기 위해서는 다음과 같은 전제 조건이 필요하다고 생각한다.

- **조건 1**: 개인의 특성은 잠재력, 욕구, 기여, 공적 가운데 어느 하나 또는 그 이상에 대한 정확도 높은 지표이다.
- **조건 2**: 분배 기준으로서의 특성은 그것이 가진 높은 대상 포괄성의 장점이 낮은 대상 효율성의 단점보다 모든 경우에 있어서 월등히 크다.
- **조건 3**: 특성에 따라 분배받을 수 있는 자원의 최댓값이 사전에 설정되어 있다.

3. 분배 대상: 무엇을 분배할 것인가

분배 기준에 이어서 이번에는 분배의 두 번째 차원인 분배의 대상에 대해서 살펴보기로 하자. 무엇을 분배할 것인가? 이 질문을 접할 때 우리 대다수의 머릿속에는 거의 무의식적 반응이라고 해도 과언이 아닐 정도로 '이익'이 바로 떠오른다. 웬만해서 우리의 사고는 부담이 이익과 마찬가지로 분배의 대상이라는 사실에까지 확대되지 않는다. 이는 우리가 정의 세 가지 구성요소 가운데 어느 하나를 이야기할 때 나머지 둘을 함께 생각하지 못하는 것과 크게 다를 바가 없다고 할 수 있다.

이익과 부담은 서로 다른 것 같아 보이지만 사실은 떼려야 뗄 수 없는 하나의 것이다. 사회구성원 가운데 누군가가 이익을 얻으면 누군가는 반드시 부담을 져야 한다. 이익만이 분배 대상이라면 정의로운 분배에 대해서는 아무런 걱정을 하지 않아도 된다. 어떤 분배 원칙을 따르던 어떤 분배 기준에 따라 분배하던 각자가 분배받은 몫만큼의 이익을 만들어 내는 데 필요한 부담 역시 각자가 지면 아무런 문제가 없기 때문이다. 한마디로 말해서 부담만큼 정의로운 분배 기준은 없다는 것이다.

문제는 이익은 누구든 원하나 부담은 누구도 원하지 않는다는 것, 그리고 부담은 정의로운 분배 기준의 후보 가운데 하나로조차 여겨지지 않는다는 것에서부터 시작

된다. 저자가 생각하기에 부담이 분배 대상으로 여겨지지 않는 가장 주된 이유는, 사회구성원 가운데 '부담은 능력에 따라 분배되는 것이 정의롭다.'라는 주장에 동의하지 않는 사람이 없을 것이라는 생각 때문인 것 같다. 모든 사람이 그러한 주장에 동의하는가? 혹시 '동의한다.'가 아니라 '동의해야만 하기에 동의한다.'라고 생각하는 것은 아닌가? 그런 주장이 정당성을 얻으려면 어떤 전제 조건이 충족되어야 하는가? 그러면 이제 이러한 질문들을 염두에 두고 이익과 부담이라는 두 가지 분배 대상에 대해서 살펴보기로 하자.

1) 이익-기회

기회란 무엇인가? 자신의 가치를 자신이 원하는 방식대로 실현하고자 하는 사람은 삶의 어느 한 단계에서 다음 단계로 넘어가는 일종의 시합을 인생의 여러 시점에서 마주하게 된다. 기회란 바로 그 시합에 참가하는 것을 말한다. 사회구성원들 사이에서 기회는 어떻게 분배되어야 마땅한가? 모든 사람이 기회는 평등하게 분배되어야 한다는 데 거의 예외 없이 동의하는 것 같으므로 우리의 논의 또한 그러한 사회적 통념에서부터 출발해 보기로 하자.

기회가 평등하게 분배된다는 것은 정확하게 무엇을 의미하는가? 예를 들어, 어떤 사회에서 모든 사회구성원이 인생을 살면서 자신의 가치를 자기가 원하는 방식대로 실현하기 위해 세 번의 어떤 시합을 거쳐야 한다고 가정해 보자. 첫 번째 시합에 참여할 기회는 참여를 원하는 모든 사람에게 평등하게 배분된다. 즉, 원하는 사람 가운데 누구는 참가할 수 있고 누구는 참가하지 못하는 상황은 벌어지지 않는다는 것이다. 이러한 기회 분배가 정의로운 분배라는 데 이의를 제기할 사람은 아무도 없을 것이다. 그런데 두 번째 시합에 참여할 기회는 첫 번째 시합에서 이긴 사람들에게만 평등하게 분배된다. 세 번째 시합에 참여할 기회 역시 동일한 방식으로 두 번째 시합에서 이긴 사람들 사이에서만 평등하게 분배된다.

이제 다음과 같은 질문을 던진다. '두 번째와 세 번째 시합에 참여할 기회가 이전 시합에서 이긴 사람들 사이에서만 평등하게 분배되는 것은 평등 원칙에 따른 분배인가, 아니면 평등 원칙에 어긋나는 분배인가?' 이 질문과 관련해서 우리는 두 가지 것을 생각해 볼 수 있다. 첫째, 이 질문에 대한 답은 기회가 경합적인지 아닌지에 따라 달라진다. 기회가 경합적이라는 말은 사회구성원 가운데 누군가가 기회를 분배받으면 다른 누군가는 기회를 분배받을 수 없다는 것을 말한다. 현실에서 어떤 기회는 비경합적이지만 어떤 기회는 경합적이다. 예를 들면, 투표에 참여하는 기회는 비경합적인 기회이고 취업 기회는 경합적인 기회이다. 비경합적인 기회는 언제나 평등하게 분배될 수 있다. 그리고 사실 비경합적인 기회를 평등하게 분배하지 않을 이유가 없다.

그러나 경합적인 기회는 그렇지 않다. 경합적인 기회는 한정되어 있기 때문이다. 앞의 예에서 두 번째 시합이나 세 번째 시합에 참여 기회를 원하는 모든 사람에게 평등하게 분배한다면 이전 시합에 이긴 사람들은 '이전 시합의 결과는 무의미한 것인가?'라는 의문을 제기할 것이다. 이 질문은 결국 '그렇다면 이전 시합은 도대체 왜 했나?'라는 질문과 동일 질문이다. '기회가 한정되어 있기에 시합을 한 것이므로 시합의 결과는 고려되어야 마땅하다.'라는 주장 외에 정당성이 인정되는 주장은 없어 보인다. 따라서 앞의 예에서 첫 번째 기회를 분배할 때는 평등 원칙을 적용하는 것이 마땅하지만 그 이후의 분배에서는 공평 원칙, 즉 '이긴 사람들 사이에서 평등하게'라는 원칙이 적용되는 것이 마땅하다. 그리고 우리는 종종 첫 번째 시합이나 두 번째 시합에서 이긴 사람들을 그 이후의 시합에 참가할 수 있는 '자격을 갖춘 사람들'이라고 표현한다.

이때 한 가지 주의해야 할 것은 저자의 이러한 생각이 앞의 예처럼 두 번째 시합의 참가할 수 있는 기회와 첫 번째 시합의 결과 간의 관련성이 직접적이고 명백한 경우에만 설득력 있는 주장이 될 수 있다는 점이다. 만일 첫 번째 시합과 두 번째 시합 간에 아무런 연관성이 없거나 적어도 두 시합 간에 직접적이고 명백한 관련성을 찾아볼 수 없는 경우라면 각각의 시합에 참여할 기회는 평등 원칙에 따라 분배하는 것이 마땅하다. 예를 들면, 많은 사람이 선호하는 높은 수준의 교육을 (예: 대학 교육 같은) 받을 기회를 얻는 것과 취업할 수 있는 기회를 얻은 것은 전혀 무관한 두 가지 시합이므로 각각의 시합에 참가할 수 있는 기회가 평등 원칙에 따라 분배되어야 한다는 것이다.

그런데 문제는 현실이 이처럼 단순하지 않다는 것이다. 많은 사람이 선호하는 높은 수준의 교육을 받았다는 사실과 취업 기회가 정말로 무관한가? 혹시 이 두 가지 것 간의 관계가 앞의 예에서 첫 번째 시합의 결과와 두 번째 시합에 참가할 수 있는 기회 간의 관계와 동일한 것은 아닌가? 만일 두 시합이 무관한 시합이라면 취업 기회는 높은 수준의 교육을 받았는지 여부와 상관없이 모든 사람에게 평등하게 분배되어야 마땅할 것이다. 그러나 만일 두 시합이 무관한 시합이 아니라면 어떤가? 한정된 취업 기회를 첫 번째 시합에서 이긴 사람들 사이에서 평등하게 분배하는 것은 정의롭지 않은 분배인가?

물론 높은 수준의 교육을 받았다는 사실이 반드시 특정 업무를 잘할 수 있는 능력을 가지고 있음을 의미하지는 않는다는 지적을 분명히 누군가는 할 것이다. 합리적인 지적임에 틀림이 없다. 그런데 우리가 만일 이 지적의 타당성을 인정한다면 어떤 사람의 연령이 65세 이상이라는 사실이 그 사람이 경제적인 어려움을 느끼고 있다는 사실을 보여 주는 정확한 지표가 아님에도 불구하고 결코 적지 않은 양의 사회 자원을 (매년 발표되는 적자 규모로 판단하건대) 그 지표로 대표되는 기준에 따라 분배하는 것은 무엇에서 그 정당성을 찾을 수 있을지에 대해서 생각해 보지 않을 수 없다.

아마 어떤 사람은 소수의 부유한 65세 이상의 사람들이 혜택을 볼 수는 있겠지만 그보다는 대중교통비 부담이 경제적 어려움 가중시키는 다수의 65세 이상 사람들이 혜택을 보는, 실보다 득이 큰 제도라는 사실로부터 정당성의 찾을 수 있다고 주장할지도 모른다. 그런데 그러한 주장은 (소수와 다수의 기준은 차지하고서라도) 세대 내 정의를 실현할 수 있다면 세대 간 정의는 생각할 필요가 없다는 주장과 전혀 다르지 않아 보인다. 한 세대 내에서의 정의를 실현하기 위해 발생하는 재정적자라는 부담은 반드시 누군가가 짊어져야 한다. 그 누군가는 분명 65세 미만의 세대일 것이다.

두 시합이 무관한 시합이 아님에도 불구하고 취업 기회를 모든 사람에게 평등하게 분배해야 하기 때문에 어떤 경우에도 교육과 관련된 정보를 묻지도 답하지도 못하게 강제하는 이유는 무엇인가? 특정 업무를 더 잘 수행할 수 있는 능력이 도대체 무엇인지 모르거나, 그 능력을 가늠할 수 있는 적절한 지표가 없거나 (그런 지표가 있어도 사람들이 그것에 대해 과연 동의할지는 모르겠지만) 있지만 그것이 어느 지표인지 모르기 때문인가? 그러한 강제가 편견, 차별, 단순 운에서 비롯된 성과를 배제하기 위해 불가피하다는 주장의 타당성을 부정하는 것은 결코 아니다. 그런데 그렇다면 우리는 다음과 같은 두 가지를 생각해 봐야 한다.

- **질문 1**: 첫 시합에서 이긴 사람들 사이에서만 두 번째 시합에 참여할 기회를 평등하게 분배해야 하는 이유가 과연 그들이 편견, 차별, 운과 전혀 관련이 없다고 확신하기 때문인가?
- **질문 2**: 그렇다면 첫 번째 시합은 도대체 왜 하는가?

어떤 사회가 사회구성원들에게 그들이 인생의 여러 단계에서 겪게 되는 모든 시합을 항상 그 이전까지의 삶의 과정과는 전혀 무관한 마치 복권 같은 어떤 것으로 여길 것을 강요한다면 그 사회에서 각각의 시합 이전까지의 노력, 성실함, 성취 등은 어떤 의미를 갖게 될까? 아마도 분배라는 현실 문제와는 전혀 무관한 '덕스러운 어떤 것'으로 여겨질 가능성이 크다고 생각된다.

둘째, 평등하게 기회를 분배한다는 것은 누구나 시합에 참가할 수 있게 한다는 것이지 누구나 시합에서 이기게 한다는 것이 아니다. 즉, 평등 원칙에 따른 분배를 예를 들면, '원하는 모든 사람이 높은 수준의 교육을 실제로 받게 한다.'라거나 '원하는 모든 사람이 실제로 승진할 수 있게 한다.'라는 것으로 잘못 이해해서는 안 된다는 것이다. 기회를 평등하게 분배한다는 말의 의미는 비경합적인 기회는 모든 사람에게, 그리고 경합적인 기회는 자격을 갖춘 (또는 능력이 있는) 모든 사람에게 열려 있다는 것이다. 그렇기에 우리는 평등한 기회 분배라는 말의 실질적 의미를, 그 기회가 비경합적 기회가 아닌 이상[13] 다음과 같이 이해해야 한다.

자격 또는 능력에 개방된 기회

그럼 이제 앞에서 말했던 질문으로 되돌아가 보자. 두 번째 시합 참가 기회와 세

13) 비경합적인 기회라면 절대적 평등을 의미할 수 있다.

번째 시합 참가 기회 각각을 첫 번째 시합의 승자와 두 번째 시합의 승자들 사이에서 평등하게 분배하는 것은 평등 원칙에 따른 분배인가 그렇지 않은가? 이 질문에 대한 답을 찾는 수고 또는 자신의 답을 정당화하는 수고만큼은 독자들 각자가 떠안도록 남겨두는 것이 좋을 것 같다.

평등한 기회 분배의 실질적인 의미를 앞에서와 같이 정의할 때 우리는 자연스럽게 자격이나 능력 외에 편견, 차별, 행운 같은 요소가 기회 분배에 개입하지 못하게 막아야 한다는 주장에 동의하게 된다. 그리고 그러한 동의는 기회 평등에 관한 우리의 논의의 범위를 기회 평등을 실질적인 평등으로 만드는 데 필요한 조건의 평등으로까지 확장해야 한다는 강한 충동을 느끼게 한다.[14)]

- **기회의 평등**: 자격 또는 능력을 갖춘 모든 사람이 시합에 참여할 수 있게 하는 것
- **조건의 평등**: 모든 사람이 동일 출발선에서 시합을 시작하게 하는 것

그런데 조건의 평등에 관한 논의는 그것을 개념적으로 이해하는 수준을 넘어서기가 사실 불가능하다. 왜냐하면 조건은 분배의 대상이 아니기 때문이다. 조건의 평등은 앞서 논의했던 기회와 앞으로 논의할 결과를 분배하여 다다르고자 하는 이상적인 또는 바람직한 상태이다. 그렇기 때문에 조건의 평등은 분배 결과에 관한 논의라면 모를까 그것을 분배 원칙[15)] 또는 분배 대상 가운데 하나로 보고 논의하는 것은 타당하지 않다. '조건의 평등을 이루는 것이 정의(justice)다.'라고는 말할 수 있지만 '조건을 분배한다.'라는 말은 논리에 맞지 않는 말이라는 것을 생각해 본다면 이러한 저자의 주장을 쉽게 수긍할 수 있을 것이다. 이러한 논리에서 저자는 조건의 평등과 정의(justice)를 연관 지을 때는 조건의 평등을 분배의 결과로 보거나 제1장에서 소개한 공적, 즉 불편부당함으로서의 정의로 보는 것이 적절하다고 생각한다.

---

14) 만일 독자 가운데 누군가가 저자에게 조건의 평등 개념을 설명하는 수없이 많은 책 가운데 어떤 책을 읽는 것이 좋겠는지 묻는다면 저자는 Baker(1988)의 『Arguing for Equality』를 읽어 볼 것을 추천한다.

15) 제1장에서 소개한 분배 원칙과 분배 결과를 말한다.

2) 이익-결과

분배 대상이 결과일 때 우리의 논의는 '결과를 분배한다.'는 말의 의미를 명확하게 하는 것에서부터 시작하지 않을 수 없다. 결과란 그것이 무엇이든 간에 사회구성원 각자에 의해 이미 소유된 것이다. 이미 소유자가 있는 어떤 것을 분배한다는 것은 누군가에게서 얼마만큼의 그것을 떼어다가 그 사람이 아닌 누군가에게 주는 것, 즉 재분배일 수밖에 없다. 재분배는 지금보다 '더 평등해지는 방향'과 '더 불평등해지는 방향' 중 어느 한 방향으로 진행될 수 있다. 물론 이 두 방향 중 분배 정의와 관련이 있는 방향은 더 평등한 방향이다. 따라서 결과를 분배한다는 말의 의미는 다음과 같아진다.

이미 누군가가 소유하고 있는 어떤 것의 일부 또는 전부를 사회구성원 간에 재분배하여 그것의 분배 상태를 재분배 이전보다 더 평등하게 만든다.	=	결과의 평등을 추구한다.

결과를 왜 평등하게 해야 하는가? 현실적으로 실질적인 기회 평등을 이루기가 쉽지 않다는 것이 한 가지 이유이다. 실질적인 기회 평등이 보장되지 않는다면 각자에게 돌아갈 '제 몫'은 능력보다는 차별이나 편견이나 행운에 의해 결정될 가능성이 크다. 일반적으로 사람들은 그러한 분배를 정의로운 분배로 여기지 않는다. 아울러 분배가 그러한 기준에 의해 이루어지는 사회에서는 누구도 자격이나 능력을 갖추기 위해서 노력하려 하지 않는 X 비효율이 발생한다. 그러한 사회에서 결과의 평등은 불완전한 기회 평등을 보완할 수 있는 유용한 수단으로 사용될 수 있다.

결과 평등이 필요한 또 다른 이유는 일반적으로 사람들이 사회가 극단적인 불평등으로 치닫는 것을 선호하지 않기 때문이다. 실질적인 기회 평등이 보장된다고 하더라도 결과는 더 능력 있는 사람들에게 더 많이 돌아가기 마련이다. 그러한 1차 분배가 (재분배와 구별되는) 지속되면 될수록 능력 있는 사회구성원들과 그렇지 못한 사회구성원들 사이에 불평등이 심화된다. 극단적인 수준의 불평등은 사회 공동체에 불행 내지 불행의 조건들을 가져다주기 때문에 (Aristotele의 논리에 따르면) 부정의(injustice)이다.

사람들은 자신이 속한 공동체를 불행으로 몰고 가는 그러한 극단적 불평등이 발생하는 것을 원하지 않는 (반드시 그것을 부정의라고 생각해서가 아니어도) 경향이 있다. 그러한 경향은 평등에 대한 선호보다는 자유와 더 깊게 관련되어 있다. 인간이 자신의 가치를 자신이 선호하는 방식대로 실현하는 자유를 누리기 위해서는 일정 수준의 자원이 반드시 필요하다. 극단적인 결과 불평등은 사회구성원 중 일부로 하여금 (물론 일부의 규모는 불평등 정도에 따라 달라질 것이다.) 인간이 자유롭기 위해 필요한 최소한의 자원에 대한 접근성조차 갖지 못하는 상황에 처하게 만든다.

그런데 자유는 모든 사람이 원하는 가치이기 때문에 어떤 분배의 결과로서 자유를 상실하게 되는 사람이 많아질수록 (예를 들면, 분배 이전보다) 그 분배는 정의로운 분배로 여겨질 가능성이 희박해진다. 자유를 잃게 되는 사람이 많아질수록 자신이 그들 중 하나가 될 가능성 또한 높아지기 때문이다. 대다수 사람이 결과 불평등이 극단적인 수준으로까지 치닫는 것을 꺼리는 이유는 어쩌면 인간이면 누구나 최소한의 이타성을 공유하고 있기 때문일 수도 있지만 저자는 그것보다는 모든 사람이 자신이 불행해지지 않기를 바라는 합리적 이기주의자이기 때문일 가능성이 더 크다고 본다. 저자는 바로 그 합리적 이기성이야말로 모든 복지국가의 사회보장체계 내에 결과의 평등을 이루기 위한 제도가 그 사회의 지배적인 정의관이 허락하는 범위 내에서 기회의 평등을 이루기 위한 제도와 함께 존재할 수 있는 있는 가장 중요한 이유라고 생각한다.

그런데 결과의 평등을 지향하는 분배는, 사회구성원들 사이에 불평등이 발생하는 원인이 무엇인지에 따라 정의로운 분배가 될 수도 있고 그렇지 않은 분배가 될 수도 있다. 때로는 불평등의 실제 원인이 아니라 불평등의 원인에 대한 사회와 사회구성원의 인식이 결과의 평등을 '지향해야 하는 것'으로 만들기도 한다. 그럴 경우, 결과의 평등은 불완전한 기회 평등을 보완하기 위해서 또는 자유를 보장하기 위해서 추구하기보다는 그 자체가 목적이 되어 버리기 때문에 추구하게 될 가능성이 크다. 이 말의 의미를 다음과 같은 예를 통해서 이해해 보기로 하자.

먼 나라 유토피아 공화국에서는 매년 12월이 되면 다음과 같은 행사가 벌어진다. 12월 1일이 되면 그 나라 사람은 누구나 자신이 한 해 동안 일군 모든 수확물을 국가의 수도로 가져와 쌓아 놓는다. 한 사람도 빠짐없이 자신의 수확물을 가져다 놓았는지를 확인한 후 12월 15부터 모든 국민에게 똑같은 양의 수확물이 돌아가도록 수확물을 분배하기 시작해서 12월 31일이 되면 수확물을 완전히 평등하게 분배한다. 이 행사를 구경하기 위해서 이 나라를 찾은 외지 사람들이 "이 나라 사람들에게 왜 수확물을 이렇게 분배하나요?"라고 묻는다. 이 나라 국민 중 한 사람인 More 경의 답은 다음과 같다.[16)]

"현재 우리나라에는 지금부터 소개해 드릴 $A \sim L$ 12명의 국민이 살고 있지요. A라는 사람은 자기 땅이 있어요. 그리고 그 사람은 힘이 참 세지요. 그래서 다른 사람보다 일을 많이 할 수 있고 수확물도 많이 생산합니다. B도 자기 땅이 엄청 많고 정말 부지런해요. 아마 그 사람은 다른 사람들보다 생산력이 두 배 정도는 더 높을걸요? 그 사람은 땅을 일구는 데 필요한 도구를 다른 나라에서 사다가 우리나라 국민에게 비싸게 팔아요. 도구의 대가로 땅을 받아서 땅이 그렇게 많은 것이에요. 그리고 C도 자기 땅이 있어요. 그리고 C는 머리가 참 좋지요. 좋은 머리를 수확물의 양을 늘리는 데도 쓰는 것 같아요. D는 자기 땅이 있는데 책임감이 다른 사람들보다 좀 떨어져요. 수확을 많이 하려면 어떤 일을 해야 할 때 딱 그 일을 해야 하는데 그렇게 하지 못하는 경우가 종종 있어서 많은 양을 수확하지 못해요.

E는 자기 땅이 없는 F와 G에게 자기 땅에서 일할 수 있게 해 줘요. F는 자기 땅이 원래 없는 사람이고 G는 자기 땅이 있었는데 F로부터 빌린 돈을 갚지 못해서 마을 어른들이 자기 땅을 F에게 주라고 말해서 지금은 땅이 없어요. H는 F와 마찬가지로 자기 땅이 없어요. 그 두 사람은 올해 9월에 태어났어요. 아직 어려서 땅을 일구지 못해서 그래요. 나이가 들고 힘이 세지면 자

16) 이미 눈치 챈 독자들이 많겠지만 저자가 이 예에서 소개하고 있는 국가는 Thomas More가 그의 책『Utopia』에서 소개한, 사유재산제도가 존재하지 않는 바로 그 이상적 공화국인 유토피아를 본떠 만든 국가이다. 토머스 모어의 유토피아는 국내에서도 여러 연구자에 의해 번역되었는데 저자가 참고한 번역본은 More(2015)의『유토피아: 존재하지도 사라지지도 않는 나라』(권혁 역)이다.

기 땅을 일구겠지요? 그런데 H와 F에 따르면 다른 사람들이 자신들이 땅을 일구는 것을 방해한다고 해요. 그래서 자신들은 내년에도 땅을 갖기 어려울 것 같다고 말하지요.

I와 J는 A, B와 마찬가지로 1월에 태어난 사람이에요. 그 네 사람은 같은 시기에 땅을 일구기 시작했는데, 왜 그런지 모르겠는데 A와 B는 땅을 잘 일궈서 6월부터 자기 땅을 갖게 되었지만 I와 J는 땅을 잘 일구지 못했고 그 결과 쓸 만한 땅을 갖지 못했지요. I와 J는 K의 땅에서 일해요. K가 두 사람에게 수확물을 생산할 수 있게 해 줬어요. 아! 그리고 K는 일을 안 해요. 그리고 B와 K 모두 다른 사람에게 땅을 빌려 주는데 B의 땅에서 일하는 F와, K의 땅에서 일하는 I는 열심히 일한다고 하는데 K의 땅에서 일하는 J는 열심히 일하지 않아요. J 말에 따르면 K가 자기보다 I를 더 좋아해서 자신이 아무리 열심히 일해도 인정해 주지 않아서 그렇다고 해요. J의 말은 K가 지금 가진 땅을 일굴 때 I의 부모가 많이 도와줬기 때문에 K가 I를 더 좋아한다고 하더군요. 그리고 마지막 사람 L은 일을 잘하지 못해요. 태어날 때부터 몸이 너무 약해서 일을 할 수 없지요.

A가 왜 힘이 좋은지, B가 왜 땅만 일구는 것이 아니라 장사도 할 만큼 부지런한지, C가 왜 머리가 좋은지, D가 왜 책임감이 없는지, F가 왜 E로부터 돈을 빌렸으면서 갚지 않는지, H와 F가 왜 늦게 태어났는지, 왜 마을 사람들이 자신들이 땅을 일구는 것을 방해한다고 생각하는지, I와 J는 왜 A나 B처럼 땅을 성공적으로 일구지 못했는지, K는 왜 그리고 구체적으로 어떻게 I의 부모로부터 도움을 받았는지, 왜 자기 땅을 다른 사람들이 일궈 주는 것을 당연시하면서 자신은 일하지 않는지, L이 왜 다른 사람들에 비해 약한지를 도대체 누가 알겠어요?

12명 각자가 자신이 왜 현재 상황에 놓이게 되었는지는 모르더라도 각자가 수확하는 양이 다르다는 것만큼은 분명하니까 그냥 똑같이 나눠 갖는 것이 좋겠다는 생각에서 나누기 시작했지요. 그리고 편견, 차별, 소외, 착취, 억압이 우리나라에 없다고는 누구도 확언할 수 없으니 실제로 그것들이 존재하는지 아닌지를 묻지 말고 그냥 똑같이 나누자는 사람이 많았지요. 그래서 매년 1월 1일이면 모든 국민이 그 이

전까지의 시간과 그 시간 동안에 각자가 무엇을 했는지는 모두 잊고 오는 한 해를 완전히 새로 출발하였지요. 매년 그렇게 하지 않으면 누군가는 많이 수확하고, 누군가는 적게 수확하고, 기득권이라는 것이 생기고, 불평등해질지 모르잖아요?

우리나라 국민 중에 어떤 사람들은 '결과적으로 나는 나 자신이 아니라 다른 사람을 위해 일하는 것 아닌가?' '그건 혹시 나에게 일종의 강제 노동을[17] 부과하는 것이 아닌가?' '내가 일군 것을 소유할 자유를, 내가 한 해는 열심히 일해서 다음 해를 좀 편하게 살 수 있는 자유를 왜 포기해야 하지?'라는 말을 하기도 해요. 그런가 하면 어떤 사람들은 내년부터는 각자가 일군 땅도 우리가 수확물을 나누듯이 매년 말에 똑같이 나눠야만 한다고 해요. 그래야 모두에게 땅이 생기는 기회의 평등뿐만 아니라 조건의 평등까지 실현할 수 있다고들 해요. 그렇게 주장하는 사람들은 어떤 사람들만 땅을 갖는 것은 옳지 않다고 보는 것이지요.

아! 마지막으로 이야기해야 할 것이 한 가지 더 있습니다. 지금은 고작 12명이 살고 있지만 10년 전에는 우리나라에 1만 2,000명의 국민이 살았지요. 지금처럼 매년 말에 수확물을 똑같이 나누는 행사를 시작한 것이 10년 전인데 매년 수확물의 양이 줄기 시작하더니 사람들이 다른 나라로 떠나기 시작했어요. 그래서 지금은 12명만 남았지요. 주로 여기서 멀리 떨어지지 않은 곳에 있는 디스토피아 공화국으로 많이 갔다고 하더군요. 그 나라도 수확물을 나누는 행사가 있는데 우리처럼 나누지는 않는다고 하더군요. 뭔가에 비례한 equity 방식으로 한다고 하더군요."

3) 부담

자유와 평등 간에 조화가 필요한 이유가 자원이 유한하기 때문인 이상, 부담은 이익과 마찬가지로 정의롭게 분배되어야 할 대상으로 여겨지는 것이 마땅하다. 분배는 분배할 이익이 존재할 때 비로소 가능한 것이며, 이익을 만들어 내기 위해서는 자원

17) 누군가의 노동의 산물을 다른 사람에게 주기 위해 앗아가는 것은 그 사람에게 다른 사람을 위해 강제 노동을 시키는 것과 다를 바가 없다는 주장은 Robert Nozick의 주장이다. 보다 자세한 내용은 Nozick(1974)의 『Anarchy, State and Utopia』를 참고하기 바란다.

이 필요하고, 그 자원은 절대적으로든(예: 원시 발생) 상대적으로든(예: 소유 주체 변동) 누군가의 부담이 되어야만 만들어지기 때문이다.

부담은 역시 이익과 마찬가지로 각자 자신이 지는 것이 마땅한 몫을 각자가 지게끔 분배되는 것이 정의로운 것임은 두말할 나위가 없다. 즉, 부담 분배의 경우에도 정의는 결국 '어떤 원칙에 따라 각자가 지는 것이 마땅한 부담 몫을 정할 것인가?'에 관한 것이 된다는 말이다. 자본주의 경제체제하에서 분배 대상으로서의 부담의 가장 대표적인 예는 조세이다. 조세는 사회구성원이 각자의 몫 가운데 포기해야 하는 몫이며 자신이 아닌 다른 사회구성원의 이익을 위해서 '포기하는 자신의 몫'이 바로 부담의 본질이기 때문이다. 실제로 정부는 바로 이 부담을 재원으로 삼아 사회구성원 간의 분배 또는 재분배를 목적으로 재정정책을 펼친다.

이러한 관점에서 볼 때, 저자는 정의로운 부담 분배 방식에 관한 논의를, 이제까지 사람들이 공정한 조세 결정 방식을 논할 때 자주 후보로서 거론되어 온 다음과 같은 두 가지 방식을 중심으로 하는 것이 적절하다고 판단한다.

- 각자가 얻은 이익(benefit)에 비례하여 부담을 분배하는 방식
- 부담 능력(ability-to-pay)에 비례하여 부담을 분배하는 방식

(1) 이익에 비례한 분배

모든 분배가 그러하듯이 기회 분배와 결과 재분배는 어떤 사회의 구성원들 사이에 존재하는 복지 관련 이익·부담 관계에 변화를 가져온다. 예를 들면, 누군가는 분배 이전보다 이익을 더 얻게 되는가 하면 누군가는 분배 이전보다 이익이 줄어들고 부담이 늘어난다. 두 사람 A, B로 이루어진 어떤 사회가 있다고 가정해 보자. 이 사회에서는 사회구성원 간에 이익이 어떻게 분배될 때 그들 간의 복지 이익·부담 관계가 어떻게 변하는지가 매우 분명하다. 예를 들어, A에게서 특정 자원 X를 x_A만큼 가져다가 B에게 주면 B가 가진 자원 X는 $x_A = x_B$만큼 증가한다. 이 경우 부담은 곧 포기해야 하는 이익이므로, 이익에 대한 정의로운 분배가 (그것이 어떤 방식에 의한 분배이든) 바로 부담에 대한 정의로운 분배가 된다.

그런데 현실 사회에서 사회구성원 사이의 이익과 부담 간의 관계는 이렇게 직접적이지도 단순하지도 않다. 왜냐하면 부담이 포기해야 하는 이익인 것은 사실이지만 누가 얼마를 포기할 A이고 누가 A가 포기한 이익을 받게 될 B인지를 식별하는 것은 불가능하며, 사회구성원이 포기한 이익의 합이 모두 다른 사회구성원을 위한 이익으로 분배되는 것도 아니며, 누구는 부담만 할 뿐(즉, 이익을 포기할 뿐) 이익을 전혀 받지 못한 것도 아니고, 그와 정반대로 이익만 얻을 뿐 부담은 전혀 하지 않는 경우도 극히 드물기 (아마도 있기는 하겠지만) 때문이다.

그렇기 때문에 이익에 비례하여 부담을 분배하는 것과 이익을 정의롭게 분배하는 것은 같은 것이 아니므로 별개의 논의가 이루어져야 한다. 이제 구체적인 논의를 위해 분배 대상으로서의 부담을 다음과 같이 정의해 보자.

- 부담은 원래 자신의 것이었던 이익 또는 자신이 국가를 통해 다른 사회구성원으로부터 받은 이익 중 포기해야 하는 이익이다.
- 부담은 그 목적이 분배를 위해 필요한 자원을 마련하는 것이므로 다음과 같이 정의한다.

부담 = 조세 + 사회보장 재원 조성을 위한 부담금

이어서 부담이 원래 자신의 이익 중 일부 또는 전부를 포기하는 부담인지 타인으로부터 받은 이익 중 일부 또는 전부를 포기하는 부담인지 여부와, 분배를 능력에만 비례하여 할 것인지 아니면 이익에만 비례하여 할 것인지 여부를 기준으로 다음과 같은 네 가지 경우를 생각해 보기로 하겠다.

	원래 자신의 이익	타인으로부터 받은 이익
이익 비례 분배	I	III
능력 비례 분배	II	IV

경우 I과 경우 II는 각자가 져야 할 부담을 각자가 받은 혜택에 비례하여 분배하는

경우이다.[18] 그 부담이 원래 자신의 것 가운데 일부를 포기하는 부담이든 타인으로부터 받은 이익 가운데 일부를 포기하는 부담이든 상관없이, 그 부담을 혜택에 비례하여 분배할 때 가장 큰 문제가 되는 것은 개인이 국가를 통해 받은 혜택이 얼마인지를 정확하게 파악하는 것이 어렵다는 점이다. 조세의 경우는 공공재의 형태로 그 혜택이 사회구성원에게 전달되기 때문에 개인 단위에서 각자가 받은 혜택을 파악하는 것은 현실적으로 불가능하다. 각자가 부담해야 할 조세의 수준을 정할 때 능력 비례 원칙이 적용되는 이유는 바로 이 때문이다.

조세와 달리 개인이 사회보장제도를 통해 받는 혜택은 각자에게 지급되었거나 지급될 급여의 양을 바탕으로 그 수준을 어느 정도 가늠하는 것이 가능하다. 그러나 사회보장제도 또한 실제로는 모든 제도가 재원 마련을 위해 사회구성원 각자가 부담해야 할 몫을 경우 II, 즉 원래 자신이 이익 가운데 일부를 부담 능력에 비례하여 일부를 포기하게 하는 방식으로 결정한다. 다시 말해, 현실에서 적용되고 있는 부담 분배 기준은 개인이 받은 혜택 파악 가능 여부와 상관없이 경우 II로 고정된 셈이다.

그렇다면 과연 이 분배 방식이 앞의 네 가지 경우 중 가장 정의로운 분배 방식라고 할 수 있는가? 이 질문에 대한 답은 각자가 선호하는 가치에 무엇인가에 다를 수 있다. 그러나 한 가지만큼은 분명하다고 할 수 있는데 그것은 경우 II가 경우 I이나 경우 III보다 정의의 저울을 평등 쪽으로 더 기울게 만드는 (재분배를 통해) 기준이라는 사실이다. 무언가에 대한 소유를 정당화하는 근거가 노력임을 인정한다면, 그리고 기회와 결과의 평등을 추구하는 이유가 자신이 받아 마땅한 몫을 받을 수 있기 위해서라면 원래 자신의 것인 이익보다 타인으로부터 받은 이익을 전체 사회를 위해 먼저 포기(전부가 아니라 일부일지라도)하게 하고, 적어도 현실적으로 가능한 한 범위 내에서만큼은 자신이 다른 사람들로부터 받은 것에 먼저 비례하여 포기하게 하는 것이 마땅하기 때문이다.[19]

---

18) 조세이론에서는 경우 I에 따라 조세의 수준을 결정하는 것을 편익과세원칙 또는 응익과세원칙이라고 하고 경우 II에 따라 조세의 수준을 결정하는 것을 능력과세원칙 또는 응능과세원칙이라고 한다.

19) 물론 이러한 주장 자체도 저자의 가치관이 반영된 것이기 때문에 모든 사람이 동의할 것이라 기대하기 어려운 주장일 수 있다.

(2) 능력에 비례한 분배

부담을 능력에 비례하여 분배할 때 (그것이 능력이어서가 아니라) 부담 능력이 동일한 사람들 사이에는 부담도 동일하게 분배하고, 부담 능력이 다른 사람들 사이에는 부담도 다르게 배분해야 한다는 것에 대해서는 이견이 없을 것이다. 이견은 부담을 조금 더 구체화하여 다음의 세 가지 것 가운데 무엇을 동일하게 하거나 다르게 할 것인지를 논할 때 발생한다.

• 희생의 절대량	• 희생의 비율	• 한계희생

영국의 정치경제학자 John Stuart Mill은 공평한 조세 부담의 원칙으로서 동등희생(equal sacrifice) 원칙을 제시한 바 있다. Mill은 조세로 인해 모든 사회구성원이 똑같은 정도로 효용을 희생하게 만드는 조세가 공평한 조세라고 주장했다(Mill, 1921).[20] Mill의 동등희생 개념은 시간이 지나면서 그 내용이 앞의 세 가지 것으로 해석되게 되었다.

희생의 절대량을 동일하게 한다는 것은 각자가 이익의 일부를 포기할 때 감소하는 효용의 크기를 동일하게 한다는 것이다. 예를 들어, 어떤 사회가 고소득자인 A와 저소득자인 B 단 두 사람만으로 이루어져 있으며 이 두 사람의 소득한계효용곡선이 동일하다고 가정해 보자. [그림 2-1] (a)와 (b)의 MU_A와 MU_B는 각각 A와 B의 소득한계효용곡선이다.[21] [그림 2-1] (a)에서 소득이 A_0이던 A가 소득의 일부를 포기하여 소득이 A_1로 감소하면 A의 효용이 α만큼 감소한다. B는 [그림 2-1] (b)에서 소

20) https://oll-resources.s3.us-east-2.amazonaws.com/oll3/store/titles /101/ 0199_Bk.pdf

21) 한계효용곡선에 대해서는 유태균(2023)의 『거시사회복지실천 심화편 II: 시장, 국가 그리고 분배』에서 자세히 설명하기로 하고 여기서는 [그림 2-1]을 이해하기 위해 반드시 알아야 할 수준까지만 설명하기로 하겠다. 효용이란 사람이 느끼는 만족감 또는 행복감을 말한다. 한계효용이란 개인이 누릴 수 있는 이익의 양이 추가로 한 단위 증가할 때 그 추가로 증가한 이익으로부터 개인에게 느끼는 효용을 말한다. 한계효용은 개인이 누릴 수 있는 이익의 양이 증가할수록 감소하는데 이를 한계효용체감이라고 한다. [그림 2-1]에서 한계효용을 나타내는 곡선이 원점을 향해 볼록한 모양을 하고 있는 것은 이익의 양이 증가(감소)할수록 한계효용이 감소(증가)한다는 사실을 나타낸다. 한계효용곡선의 기울기가 가파를수록 이익이 양의 변할 때 한계효용이 급격하게 변한다는 것을 의미하고 기울기가 완만할수록 한계효용의 변화가 완만하다는 것을 의미한다.

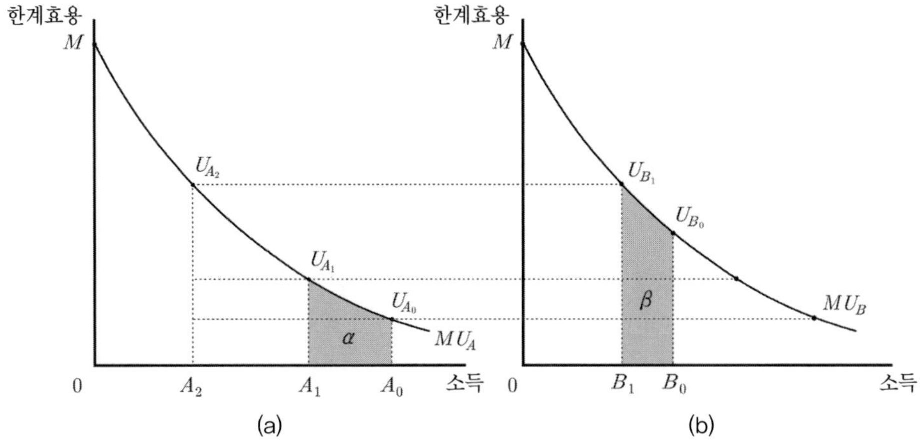

[그림 2-1] 동일 소득한계효용곡선 가정하에서의 동등희생량

출처: Musgrave, R., & Musgrave, P. (1989). *Public Finance in Theory and Practice* (5th ed.). NY: McGrow-Hill Book Company, p. 229의 [그림 13-1]을 수정하여 제시함.

득이 B_0에서 B_1로 감소하면 효용이 β만큼 감소한다. 이러한 상황에서 A와 B의 희생의 절대량을 동일하게 한다는 것은 소득한계효용곡선 아래의 두 면적 α와 β가 일치하도록 A와 B가 각자의 소득 중 일부를 포기해야 한다는 것을 의미한다.

이 원칙에 따라 부담을 분배할 때 중요한 것은 부담 주체들이 감수해야 할 희생의 절대량이 동일한지, 즉 $\alpha=\beta$인지 여부이지 소득이 많은 사람이 소득이 적은 사람보다 더 많이 희생하는지 여부가 아니다. [그림 2-1] (a)와 (b)를 통해 알 수 있듯이 A와 B 중 누가 얼마만큼의 이익을 포기해야 하는지는 각자가 가진 소득한계효용곡선의 기울기에 달려 있는 문제이기 때문에 A의 소득이 B보다 많다고 해서 A가 반드시 B보다 더 많은 소득을 포기해야 하는 것은 아닐 수 있다는 것이다.

동등희생 원칙을 따르는 사회에서 각각의 사회구성원이 져야 할 부담의 양이 소득에 누진적으로 비례해야 한다는 주장은 (조세의 경우 누진세) 고소득자들의 소득한계효용곡선이 소득이 감소할 때 아주 완만하게 감소하는 소득한계효용곡선일 때만 타당한 주장이 된다. 즉, 저소득자들의 소득한계효용곡선의 기울기가 [그림 2-1] (b)와 같다면 고소득자들의 소득한계효용곡선의 기울기는 [그림 2-1] (a)에 제시된 소득한계효용곡선의 기울기보다 낮아야 한다는 것이다. 왜냐하면 그래야만 고소득자 A가 누진세제를 통해서 저소득자 B보다 소득을 훨씬 더 많이, 예를 들어서 A_2까지 포기하더라도 A의 효용 감소량 $U_{A_2}A_2A_0U_{A_0}$가 B의 효용 감소량 $\beta = U_{B_1}B_1B_0U_{B_0}$와 일치해서 동등희생 원칙이 지켜지기 때문이다.[22)]

두 번째 원칙은 희생의 비율을 동일하게 하는 것이다. 이 원칙은 A와 B 각자가 포기해야 하는 이익(소득)의 크기가 각자의 전체 이익에서 차지하는 비율이 동일해야 한다는 것을 의미한다. 즉, [그림 2-1] (a)에서 한계효용곡선 아래의 면적 $M0A_0U_{A_0}$에서 α가 차지하는 비율과 [그림 2-1] (b)의 $M0B_0U_{B_0}$에서 β가 차지하는 비율이 같아야 한다는 것이다.

이 원칙 또한 더 큰 이익을 누리는 사람들이 포기해야 할 이익이 더 적은 이익을 누리는 사람들에 비해 반드시 누진적으로 더 커야 한다는 것을 의미하지는 않는다. 오히려 이 원칙은 만일 이익이 증가하거나 감소하더라도 한계효용이 변하지 않는다면, 모든 사회구성원은 자신이 현재 누리고 있는 이익에 동일 비율을 곱한 이익만큼을 포기하면 (조세의 경우 이는 비례세에 해당한다) 된다는 것을 의미한다.

마지막 원칙은 한계효용을 같게 하는 것이다. 즉, 각자가 이익을 한 단위씩 포기해 나가다가 모두가 한 단위의 이익을 포기할 때 동일한 수준의 한계효용을 느끼게 되면 되는 것이다. 이 원칙은 예를 들어서 [그림 2-1] (b)에서 B가 이익을 B_2까지 포기해서 B_2와 한계효용곡선을 잇는 수직선의 길이인 $B_2M_{B_2}$만큼의 한계효용을 느낀다면 A도 $B_2M_{B_2}$만큼의 한계효용을 느낄 때까지 이익을 포기하는 것이 마땅하다는 주장이다. 물론 그렇게 하려면 당연히 애초에 더 많은 이익을 누리던 A가 더 적은 이익을 누리던 B보다 훨씬 더 많은 이익을 포기해야 (조세라면 누진세) 한다.

앞에서 살펴본 바와 같이 '동등한 희생'의 의미를 어떻게 해석하는지에 따라 부담은 서로 다른 기준에 따라 분배된다. 그렇다면 이 세 가지 분배 기준 중 어떤 기준에 따라 부담을 분배하는 것이 정의로운가? 저자는 이 질문에 대한 답 역시 독자들이 스

---

22) 이해를 돕기 위해서 극단적인 경우를 예로 들어 보자. 만일 소득이 증가하거나 감소해도 한계효용이 전혀 변하지 않는다면 한계효용곡선은 수평선, 즉 기울기가 0이 될 것이다. 그렇게 되면 모든 사회구성원이 각자의 현재 소득 수준에 상관없이 동일한 양의 소득을 포기하면 (조세의 경우 이는 정액세에 해당한다.) 희생의 절대량은 동일해진다.

스로 찾아볼 것을 권한다. 대신 저자는 독자들에게 앞의 질문에 대한 답을 찾기에 앞서 다음의 세 가지 것을 반드시 생각해 볼 것을 제안하고자 한다.

첫째, 이상에서 소개한 세 가지 분배 기준 가운데 어느 것이든 그것이 정의로운 기준이 되려면 모든 사람이 동일 한계효용을 가지고 있어야 하고 그 한계효용은 반드시 체감하는 것이어야만 한다. 이 두 가지 조건이 충족되지 않는다면 어떤 기준이 정의로운 기준인지를 판단하는 것 자체가 어려워진다.

둘째, 설령 모든 사람이 동일 한계효용곡선을 가지고 있고 그것이 체감하는 것일지라도 우리는 개개의 사회구성원이 가진 부담 능력을 무엇으로 어떻게 파악할 것인지에 대해서 합의할 수 있을 때만 앞의 세 가지 기준에 따라 부담을 분배할 수 있다. 소득은 적으나 생을 마감할 때까지 편히 살 수 있는 집이라는 재산을 가진 사람에게 재산을 능력의 지표로 삼자고 요구하는 것과 소득은 많으나 재산이 적은 사람에게 소득에 비례하여 이익을 포기할 것을 요구하는 것 중 어느 것이 더 나은 것인가? 재산이나 소득은 감추기가 상대적으로 쉬우나 소비는 그렇게 하기가 상대적으로 어려우므로 소비에 비례하여 이익을 포기하게 (예: 간접세로) 하는 것이 혹시 더 바람직한가? 이러한 질문들은 우리가 정의로운 부담 분배 기준을 생각하기 전에 반드시 먼저 답해야 할 질문의 몇 가지 예이다.

셋째, 혜택과 부담이 비례하지 않으면 (완전 비례는 아니더라도) 혜택을 누리는 자신과 부담을 져야 하는 자신이 마치 서로 다른 인격체인 것처럼 괴리되는 현상이 나타난다. 저자는 이러한 불일치 현상을 복지 이중성(welfare duality)이라고 부른다. 이 두 종류의 자신이 불일치하면 할수록 사회구성원이 체감하는 비용 의식, 즉 행 앞의 결과와 그 결과에서 비롯된 사회적 비용 간의 인과성에 대한 인식의 수준이 점점 더 낮아진다. 그리고 그 결과 그 사회가 가진 사회보장의 지속 가능성은 점점 더 낮아진다.

그렇다면 이제 한번 생각해 보자. 편익 원칙이 아니라 능력 원칙이 선호되고 그 가운데서도 능력이 많은 (어떤 능력이든 간에) 사람에게 누진적으로 이익을 포기하게 하는 것은 그런 강제가 정당하기 때문인가, 아니면 단순히 그 기준이 분배할 자원을 마련하는 데 효율적 또는 효과적이기 때문인가?[23] 만일 후자가 맞는 이유라면 현실에서의 정의(justice)는 혹시 '~이 마땅한 것'이기 때문에 정의인 것이 아니라 '~이 정의이어야 하기 때문'에 정의인 것은 아닌가?

4. 분배 단위: 누구 또는 무엇 간에 분배할 것인가

무엇을 '분배한다'는 것은 그 무엇의 일부를 얻게 되는 주체의 수가 최소 둘 이상임을 뜻한다. 어떤 이익을 두 주체 A와 B에게 분배하는 것을 'A와 B가 해당 이익의 분배에 참여한다.'라고 표현하기로 하자. 단, 분배에 참여한다는 것은 다음의 세 가지 경우 중 경우 1 또는 경우 2를 말하는 것이며 경우 3은 분배에 참여하는 것이 아니다.

- **경우 1**: 이익을 분배한 결과, 모든 이익을 A 또는 B가 갖게 되고 다른 한 주체는 아무것도 갖지 못한다. 즉, 두 주체 중 어느 한 주체가 모든 이익을 갖는다.
- **경우 2**: 이익을 분배한 결과, 이익의 일부 p를 A 또는 B가 갖고 나머지 이익 $q=(1-p)$는 다른 주체가 갖는다. 즉, 두 주체 모두가 이익 가운데 일부를 갖는다.
- **경우 3**: 이익의 분배에 A는 참여할 수 있고 B는 참여하지 못한다. 즉, A는 이익 분배에 참여할 수 있는 주체이고 B는 분배 참여 자격이 원천적으로 없는 주체이다.

예를 들어, 경우 1이면서 모든 이익이 A에게 분배되고 B는 아무것도 얻지 못하는 결과가 나타났다고 가정해 보자. 이익을 전혀 갖지 못한다는 사실만 놓고 보면 경우 1의 B와 경우 3의 B는 전혀 다를 바가 없다. 그러나 경우 1에서 B는 분배 과정에 참여했으나 아무런 이익을 얻지 못한 것이고, 경우 3의 B가 분배 참여 자격 자체가 없어서 아무런 이익도 얻지 못하는 것이다. 이 두 경우는 분명 다르다. 이러한 차

23) 저자가 누진세를 반대하는 것이 아니라 저자 스스로에게 '누진세의 정당성은 도대체 무엇에 근거하는가?'라는 의문을 가져 본 적이 있는지를 질문해 보는 것이다.

이를 독자들이 쉽게 이해했을 것이라고 생각하고 지금부터 저자는 '분배 참여 주체'라는 용어를 경우 1과 경우 2의 A, B 그리고 경우 3의 A를 가리키는 용어로 사용하기로 하겠다.

1) 개인과 집단

분배 참여 주체 단위는 개인과 집단 두 가지이다. 물론 분배가 이 두 가지 중 어느 한 단위에서만 이루어져야 하는 것은 아니다. 만일 분배 과정이 여러 단계에 걸쳐 순차적으로 이루어진다면 분배 참여 주체의 단위는 다음과 같이 개인, 집단 그리고 개인·집단이 될 수 있다.

- 개인(자연인)
- 공통된 특성을 가진 두 명 이상의 개인(자연인)으로 이루어진 집단.
  개인의 집합체인 계급, 계층, 국가, 법인(재단법인 포함) 등은 모두 집단에 해당함
- 1차 단위는 집단, 2차 단위는 집단 내 개인

따라서 '누구 또는 무엇 간에 분배할 것인가?'라는 질문에 대한 답은 다음의 세 가지 중 어느 하나가 될 것이다.

분배 대상 가치를
- 개인들 간에 분배한다.
- 집단들 간에 분배한다.
- 1차로는 집단들 간에 분배하고 2차로는 각 집단 내의 개인들 간에 분배한다.

2) 사회

앞의 내용을 염두에 둔 상태에서 이번에는 사회라는 또 다른 단위에서의 분배에

대해서 생각해 보기로 하자. 개인이나 집단이 아니라 전체 사회가 분배의 단위가 될 수 있는가? 이 질문에 대한 답은 '그렇다.'와 '그렇지 않다.'로 분명하게 갈리는 것 같다. 이 두 가지 입장 중 전자 입장을 취하는 사람들 중 대다수는 사회 정의(social justice)를 그 근거로 삼는 것 같다.

사회 정의란 산업혁명과 산업화로 인해 자본가와 노동자 간의 빈부격차와 불평등이 본격적으로 심화하기 시작한 19세기 말에 등장한 개념이다.[24)] 오늘날 우리가 말하는 사회 정의는 그 개념의 범위가 19세기 사회 정의 (초기 사회 정의) 개념보다 훨씬 넓은 매우 포괄적인 개념이다. 초기 사회 정의 개념은 그 초점이 '가진 자'와 '가지지 못한 자' 사이의 경제적 불평등과 그로 인해 발생한 계급 또는 계층 갈등에 맞춰져 있었다.

그러던 사회 정의 개념은 근대를 거쳐 현대로 오면서 그 범위가 점차 확대되었는데 오늘날의 사회 정의 개념은 빈곤이나 경제적 불평등뿐만 아니라 다양한 차별(예: 성별, 인종, 연령, 종교 등의 차이를 근거로 한 차별)로 인해 역사적으로 부당하게 불이익을 당했거나 당하고 있는 집단의 삶을 개선하는 것이 마땅하다는 주장으로, 그리고 더 나아가서는 보편적 인권으로까지 그 범위가 확대되었다.

사회 정의에 관해서는 이 책의 마지막 장에서 자세하게 논의할 것이므로 여기서는 사회 정의가 사회의 기본 구조상의 문제로 인해 발생하는 부정의 상황을 바로잡기 위해 사회구성원 집단들 간의 복지부담 관계를 조정하는 것으로 정의(define)하면서 논의를 마치도록 하겠다.

---

24) 물론 산업혁명 이전에 사회 정의에 관한 논의가 전혀 없었던 것은 결코 아니다. 그러나 저자는 분배와 관련된 사회 정의 개념에 관한 본격적인 논의의 출발점을 19세기 말로 보더라도 큰 무리는 없다고 생각한다.

제3장

정의관

1. Aristotele의 정의관
2. Rawls의 정의관
3. Nozick의 정의관
4. Dworkin의 정의관
5. Walzer의 정의관
6. Sandel의 정의관

제3장

정의관

정의관 또는 정의론이란 사회구성원 간의 분배가 정의로운 분배가 되려면 왜 어떤 원칙에 따라 분배가 이루어져야 하는지를 주된 내용으로 하는 주장이라고 정의(define)할 수 있다. 정의로운 분배 원칙에 대한 사람들의 선호는 여러 가지 이유에서 다를 수 있으며, 지배적인 정의관, 즉 한 사회의 구성원 중 다수에 의해서 선호되는 정의관 또한 시대와 장소와 상황에 따라 변해 왔다. 이 장에서는 그러한 다양한 정의관 가운데 거시사회복지실천과 관련이 깊다고 생각되는 대표적인 몇 가지 정의관을 선택하여 살펴보기로 하겠다.

1. Aristotele의 정의관

고대 그리스에서 정의 개념에 관한 논의는 Aristotele뿐만 아니라 이미 그 이전의 여러 사상가에 의해서 활발하게 이루어졌다. 그러나 정의의 실체를 처음으로 타인과의 생활 관계에서 규정한 사상가는 Aristotele이며, 그러한 점에서 Aristotele의 정의관은 그 이전의 사상가들이 제시했던 정의관과 구분된다. 저자가 고대 그리스의 여러 정의관 중에서 특히 Aristotele의 정의관을 이 책에서 소개하는 이유는 바로 이 때문이다. Aristotele에게 정의는 '올바른 또는 선한 생활'에 관한 것이었으며 이러한 그의 정의관은 이전의 사상가들이 권력이나 복수라는 맥락 안에서 찾은 정의관과[1] 그 핵심이 매우 다르다고 할 수 있다.

1) 보편적 정의와 특수한 정의

Aristotele는 그의 저서 『Nicomachean Ethics』을 통해 자신이 생각하는 여러 가지 정의 개념을 세상에 알렸다. 저자는 그 가운데 오늘날 우리가 말하는 정의 개념과 관련이 깊은 보편적 정의와 특수한 정의라는 두 가지 정의 개념을 가지고 Aristotele의 정의관을 소개하고자 한다.

Aristotele는 『Nicomachean Ethics』 제5권에서 정의를 보편적 정의와 특수한 정의로 구분하였다.[2] 보편적 정의를 설명하기 위해 Aristotele는 폴리스(polis)의 시민이 폴리스 생활에서의 여러 가지 행위를 통해 체득해야 하는 기질 또는 성품이 있다고 설명한다. 그는 그러한 성품을 폴리스를 건전한 공동체로 보호하고 유지하는 데 필요한 덕성(virtue) 또는 아레테(arete)로 여겼다. 그러한 덕성은 사람들로 하여금 옳은 행위를 하게 하고, 옳은 태도로 행동하게 하며, 옳은 것을 원하게 하는 성품인데, 이때 옳다는 것은 그 핵심이 합법성과 공정성이라고 생각했다.

Aristotele가 말하는 보편적 정의는 폴리스의 시민으로서의 인간이 바로 이 덕성을 갖추는 것을 말한다.[3] 폴리스의 시민은 누구나 폴리스를 보호하고 유지하기 위해서 각자가 법을 지키고 올바르게 생활하려는 성향인 덕성을 갖추어야 한다. Aristotele는

1) 대표적인 사상가로는 Socrates, Thrasymachus, Kephalos, Polemarkos, Plato 등을 꼽을 수 있는데 이들 중 Plato은 Socrates의 수제자이고 Aristotele는 젊은 시절 20년 동안 Plato의 아카데미아에서 수학한 Plato의 제자 중 한 사람이다.

2) 전자를 완전한 정의, 후자를 부분적 정의라고 부르기도 하지만 저자는 일반적 정의와 특수한 정의라는 용어를 사용하여 구분하기로 하겠다.

3) 사실 이 일반적인 정의는 Plato의 정의관과 크게 다르지 않다고 할 수 있다.

그렇게 하는 것을 정의라고 보았다.

이러한 의미에서 보편적 정의는 개인이 덕성을 갖추는 것이면서 동시에 타인과의 관계에 있어서의 올바름이며 준법과 공정이 핵심인 개념이라고 할 수 있다. Aristotele는 법을 지키지 않는 것은 올바르지 않은 것이고, 불공정한 것이며, 정의롭지 않은 것이라 여겼다. 따라서 보편적 정의에서의 정의와 부정의는 다음을 의미한다.

- **정의:** 법을 지키는 것, 공정한 것
- **부정의:** 법을 지키지 않는 것, 공정하지 않은 것

보편적 정의가 합법적인 것에 관한 것이라면 특수한 정의는 타인과의 관계 중에서 아주 특수한 경우인, 개인이 받게 되는 이익 또는 혜택과 부담 또는 해악 간의 관계에 관한 것이다. Aristotele가 이 정의를 특수한 정의라고 명명한 이유는 이 정의가 타인과의 관계 중에서 특수 또는 협소한 경우에 관한 정의이기 때문이다. 특수한 정의에서 정의와 부정의는 각각 다음과 같이 정의된다.

- **정의:** 개인이 이익과 부담을 공평하게 받은 것
- **부정의:** 개인이 이익과 부담을 불공평하게 받은 것

2) 분배적 정의와 시정적 정의

Aristotele는 특수한 정의를 다시 분배적 정의와 시정적 정의로 나눈다. 분배적 정의는 한마디로 표현하면 비례적 분배이다. Aristotele는 공동체 구성원 간에 어떤 가치를 분배할 때 공적(merit)에 있어서 평등한 사람들에게는 평등한 몫을 분배하고, 공적에 있어서 불평등하면 평등하지 않은 몫을 분배해야 한다고 보았다. Aristotele는 이러한 비례를 기하학적 비례라고 불렀으며, 이 기하학적 비례 원칙에 따라 분배가

이루어지는 것이 분배적 정의라고 보았다. 오늘날 우리가 정의라고 부르는 justice 개념은 Aristotele가 말하는 바로 이 분배적 정의에 해당하는 (혹은 가까운) 개념이다.

그런데 '무엇이 공적인가?'에 대해서 Aristotele는 '공동체에 대한 기여' 이상의 구체적인 답을 제시하지는 않았다. 그보다 Aristotele는 분배적 정의를 실현하기 위해서는 개인들 간에 존재하는 차이에 대한 인정이 전제되어야 한다는 것을 강조했다. 어떤 사람이 어떤 것을 자신과 다른 사람들 간에 존재하는, 인정할 수 있는 차이에 비례하지 않게 많이 혹은 적게 가져가는 것은 공평하지 않은 것이며, 기하학적 비례 원칙에 위배 된 분배가 이루어진 것이어서 공정하지도 않으므로 정의롭지 않은 것이다 (Johnston, 2011). 즉, Aristotele의 분배 정의는 '공정으로서의 정의'이면서 동시에 공평으로서의 정의인 셈이다.

분배 정의가 비례적 평등이므로 분배에서의 부정의는 비례적 불평등이다. 다시 말해, 공동체 구성원들 간의 분배에서 어떤 사람에게 그의 공적에 비례하지 않는 많은 혹은 적은 몫이 분배되면 부정의가 발생하는 것이다. 특수한 정의의 두 번째 정의인 시정적 정의는 이러한 비례적 불평등을 포함한 인간관계상의 여러 가지 올바르지 않음을 바로 잡는 것과 관련된 개념이다. 구체적으로 말하면 시정적 정의란 인간관계상에서 지나침과 부족함이 발생할 때 그것을 시정하여 (지나친 부분만큼을 가져다가 부족한 부분을 메꿈으로써) 중간적 평등을 이루게 하는 것이다. Aristotele는 이러한 중간적 평등을 분배적 평등을 이루기 위한 원칙인 기하학적 비례와 구분하여 산술적 비례라고 불렀다.[4)]

4) Aristotele는 일반적 정의, 특수한 정의와 함께 교환적 정의라는 또 다른 정의 개념을 소개했다. 교환적 정의는 교환되는 물품들 사이의 평등에 관한 것으로서 시장에서 교환되는 모든 물품은 해당 물품의 교환에 참여하는 사람의 빈부와 상관없이 사는 사람과 파는 사람 모두에게 동일 가격에서 매매되어야 한다는 것이다. 이 정의 개념은 공동체 구성원 간의 분배에 관련된 것이 아니므로 더 이상의 자세한 설명은 생략하기로 하겠다. 교환적 정의에 관한 자세한 내용은 Aristotele의 『Nicomachean Ethics』 제8권을 참고하기 바란다.

2. Rawls의 정의관

John Rawls는 1971년에 출간한 『Theory of Justice』와 그가 타계하기 직전 해인 2001년에 출간한 『Justice as Fairness: A Restatement』를 통해서 (그리고 물론 그 밖의 수많은 논문과 저서와 강의를 통해서) 그의 자유주의 정의 이론을 세상에 소개하였다.[5)]

저자는 Rawls 정의관의 출발점이 사회의 기본 구조가 만들어 내는 부정의, 즉 injustice로서의 불평등에 대한 그의 깊은 관심이라고 생각한다. 불평등에 대한 Rawls의 이러한 관심으로 그는 다음의 질문에 대한 답으로서의 정의 이론을 제시하게 만들었다.[6)]

- 사회 구조로(예: 제도, 관습, 전통, 규범 등) 인해 발생하는 불평등 중 어떤 불평등까지를 정당한 것으로 인정할 것인가?

  또는
- 사회 구조가 불평등을 만들어 내는 경우 중 어떤 경우까지를 정당한 것으로 인정할 것인가?

이러한 Rawls의 정의론을 이해하려면 먼저 Rawls 정의관의 토대가 되는, 사회와 인간에 관한 그의 생각을 이해해 볼 필요가 있다. 저자는 그렇게 할 때 독자들이 Rawls의 정의관이 왜 자유주의 정의관이라고 불리며 그가 왜 자신의 정의를 '공정으로서의 정의'라고 말했는지를 쉽게 이해할 수 있을 것이라 생각한다.

Rawls는 인간과 사회에 관한 다음과 같은 견해를 가지고 있다(Rawls, 1971, 2001).

- 인간은 자유롭고 평등한 존재이며 사회는 그러한 인간이 자발적으로 질서를 형성하고 유지하는 체제이다. 아울러 인간은 두 가지 도덕적 능력(moral power)을

5) Rawls의 정의관에 관한 이하의 내용은 주로 이 두 권의 책『A Theory of Justice』『Justice as Fairness: A Restatement』의 내용을 정리한 것이다.

6) 이러한 이유에서 Rawls가 말하는 정의는 사회 정의(social justice)이다. 이에 관한 자세한 논의는 이 책의 4장에서 하기로 하겠다.

가진 존재인데, 하나는 정치적 정의 원칙을 이해할 수 있는 능력이고 다른 하나는 선함(the good)에 관한 각자의 관점을 가지고 선함을 추구할 수 있는 능력이다.

- 사회는 사회구성원이 자율적으로 (즉, 자신의 행동을 규제하는 규칙과 절차에 자발적으로 동의함으로써) 참여하는 공정한 협동 체계(fair system of coordination)이다.[7]
- 공정한 협동은 사회구성원 간의 협동이 정해진 규칙의 범위 안에서 합리적으로 자신의 이익을 추구하기 위한 것이고, 일방적인 희생이 아니라 호혜성에 기반한 것이며, 정해진 규칙에 따라 자신의 역할을 함으로써 협동에 참여하면 정해진 기준에 따라 혜택을 받을 수 있음이 전제된 협동이다. 이러한 공정한 협동 이념이 실현된 사회를 질서 있는 사회(a well-ordered society)라고 한다.
- 정의는 사회제도의 제1덕목(the first virtue of social institutions)이며 이는 마치 진리가 사상 체계의 제1덕목인 것과 같다. 모든 법과 제도는 정의로워야 하며 정의롭지 않은 법이나 제도는 그것이 아무리 효율적이고 질서 잡힌 것이어도 개혁되거나 폐기되어야 한다.
- 질서 있는 사회에서는 사회구성원의 상호 승인(mutual recognition)에 기반한 공적 정의관(public conception of justice)이 중심 원리로 작용한다. 진리와 달리 정의는 사회문화적 차이를 초월하는 보편적인 것이기 어렵다. 정의가 보편적일 때 그 정의는 자칫 형이상학적인 것이 되어 버리기 때문이다. 그렇기에 정의는 (엄밀히 말하면 정의 원칙은) 사회문화적 특성을 반영해야 하며 상호 승인에 기반해야 한다.
- 상호 승인에 기반한 정의관은 정치적 다원주의와 정치적 자유주의를 전제로 하지 않을 수 없으며 더 나아가 민주주의 정치문화를 전제로 하는 것이어야 한다.

Rawls는 이러한 특성을 가진 민주주의 정치문화 속에서 다음과 같은 질문으로 대변되는 자유주의적 정당성 원칙(liberal principle of legitimacy) 문제에 대해 고민하였다(Rawls, 1999).

---

7) Rawls의 이러한 주장은 그가 Locke, Rousseau, Kant로 이어지는 사회계약론적 전통 안에서 정의를 바라보고 있음을 말해 준다.

정치적 권력을 평등하게 공유하고 있는 시민들이 어떻게 이런 권력을 행사하고 자신이 내린 정치적 결정을 모든 사람에게 정당화할 수 있을 것인가?

이 문제에 대해서 Rawls는 정치적 결정이 합당한 정치 과정을 통해서 구성(construct)되어야 한다는 답을 제시했다.[8] 그러면서 자유롭고 평등한 모든 사회구성원이 받아들일 수 있는 합당한 정치적 합의를 위해 필요한 조건으로서 다음과 같은 원초적 입장(original position)을 제시하였다(Rawls, 1979, 2001).

- 민주주의 정치 체계에서는 자유롭고 평등한 존재인 시민을 대표하는 대표자들이 시민과 마찬가지로 자유롭고 평등한 입장에서 그 사회의 의사결정 과정에 참여한다.
- 대표자들은 오직 시민을 대표할 뿐이며 그들이 대표하는 시민의 사회적 지위나 그들이 따르는 포괄적 교리(comprehensive doctrine)에 의해서 의사결정에 영향을 받아서는 안 된다.
- 시민의 대표자는 의사결정에 필요한 정보를 동일하게 가지고 있어야 하며 공정한 의사결정을 위해서 의사결정의 왜곡을 초래할 수 있는 정보를 차단하는 무지의 베일(veil of ignorance)이 드리워진 상태에서 의사결정을 해야 한다.
- 무지의 베일은 시민의 대표자들이 그들이 대표하는 시민의 사회적 지위, 그들이 따르는 포괄적 교리 그리고 심지어 대표자 자신의 특성까지도 전혀 알지 못하는 가상적인[9] 상황에 놓여 있다는 것을 의미한다.

8) 이를 정치적 구성주의(political constructivism)라고 한다. Rawls는 합당한 것(reasonable)과 합리적인 것(rational)을 구분했다. Rawls는 합당한 것은 모두가 평등한 존재로서 다른 사람들과의 공적인 관계에서 어떤 경우에도 그들과 공정한 협력의 조건을 기꺼이 제시하고 받아들이는 것이라고 보았다. 달리 표현하면 다른 사람들도 똑같이 행동할 것이라는 전제하에 모든 사람이 인정하고 그에 따라 행동할 것이라고 기대하는 것이 합당한 것이다. 그렇기 때문에 Rawls는 합당한 것은 공적이지만 합리적인 것은 그렇지 않기 때문에 합리적 정치 과정에는 정의가 결여될 수 있다고 주장했다.

9) Rawls의 정의관에 대해서 비판적 시각을 가진 사람들은 이러한 원초적 입장의 비현실성을 지적하면서 이러한 가정이 바로 Rawls의 정의관이 실천적 정의관이 아니라 형이상학적인 정의관임을 보여 주는 예라고 비판하였다. Rawls 정의관에 대한 대표적인 비판은 Feinberg(1972, 1973)을 참고하기 바란다.

이러한 원초적 입장에서 도출되는 정의 원칙을 공정한 원칙이라고 보았다.[10]

Rawls는 이러한 원초적 입장이라는 전제하에서 다음과 같은 두 가지 정의 원칙(principle of justice)을 제시하였다.

- **제1원칙**: 각 개인은 모든 사람을 위한 유사한 자유 체계와 양립 또는 조화될 수 있는, 평등한 기본적 자유들에 관한 가장 광범위한 전체 체계에 대해서 동등한 권리를 갖는다.
- **제2원칙**: 사회적 불평등과 경제적 불평등은 다음 두 가지 경우와만 결부되도록 안배해야 한다. (a) 사회의 최소 수혜자(the least favored)에게 최대 혜택이 돌아가게 하는 것, (b) 공정한 기회 평등 조건하에서 모든 사람에게 개방된 직책과 지위(offices and positions)이다.

정의의 제1원칙을 평등한 자유 원칙이라고 하고 제2원칙을 기회 평등 및 차등 원칙이라고 한다(Rawls, 1971: 302). 이와 더불어 Rawls는 이 두 가지 정의 원칙 간의 축차적 서열(lexical order)에 관한 두 가지 우선 원칙(priority rule)을 제시하였다(Rawls, 1971: 302-303).

- **제1우선성 규칙**: 두 정의 원칙 간에는 축차적 서열이 존재한다. 따라서 자유는 다음 두 가지 경우에만 자유를 위해서 제한할 수 있다. (a) 더 제한적인 자유가 모든 사람이 공유하는 자유의 전체 체계를 강화해야만 하는 경우, (b) 낮은 수준의 자유를(lesser liberty) 누리는 사람들이 그러한 불평등한 자유를 받아들일 수 있는 경우이다.
- **제2우선성 규칙**: 정의 제2원칙은 효율성 원칙이나 이익총합극대화 원칙에[11] 축

10) Rawls가 자신의 정의관을 '공정으로서의 정의'라고 명명한 이유는 바로 여기에 있다고 볼 수 있다.

11) 이 원칙은 공리주의에서 말하는 사회 전체의 행복의 총합을 극대화하는 원칙이다. Rawls가 이 원칙을 비판하는 이유는 그가 자신의 정의론을 공리주의 정의론에 대한 대안으로 제시하고자 했기 때문이다. Rawls의 이러한 의도를 보여 주는 또 다른 예로, Rawls는 『A Theory of Justice』에서 자신의 정의론을 여러 가지 다른 정의 이론들과 비교하는 데 책의 상당 부분을 할애했다. 그는 여러 대안적 정의론 중에서도 특히 공리주의 정의론

> 차적으로 우선해야 하며, 제2원칙 중 공정 기회 원칙이 차등 원칙에 우선해야 한다. 다음의 두 가지 경우가 이에 해당한다. (a) 기회 불평등이 기회를 덜 가진 사람들의 기회를 증대하는 경우, (b) 과도한 저축률이 그로 인해 어려움을 겪어야 하는 사람들의 부담을 궁극적으로는 경감시키는 경우이다.

Rawls는 사회 내의 모든 사회적 기본 가치(예: 자유, 기회, 소득, 부 그리고 인간으로서의 자존감을 유지하는 데 필수적인 그 밖의 조건 등)는 두 가지 정의 원칙에 따라 평등하게 분배되어야 하되, 그 사회의 최소 수혜자에게 최대 혜택이 돌아가게 할 수 있다면 사회적 가치 중 일부 또는 전부가 불평등하게 분배될 수 있다고 주장하였다. 이 차등 원칙은 최소최대원칙 또는 최소극대화원칙(maximin principle)이라고도 불리는데, 이 원칙이 바로 자유주의 정치 이념 안에 정의 차원에서 평등주의적 사회제도가 부분적으로 수용되어야 할 필요성을 지적한 Rawls 정의 이론의 핵심이라고 할 수 있다. 저자는 Rawls가 제시한 여러 정의 원칙 중에서도 특히 이 원칙에 주안점을 두고 Rawls가 말하는 정의를 다음과 같이 정의(define)할 수 있다고 생각한다.

> 평등한 자유와 공정한 기회라는 조건하에서 한 사회에서 가장 열악한 상황에 있는 사람들에게 가장 큰 혜택이 돌아가도록 사회적 기본 가치를 분배하는 것

Rawls는 이러한 정당한 불평등 원칙에 무지의 베일이 드리워져 그 누구도 자신 외 어느 누구의 특성, 능력, 자질, 사회적 위치, 계층적 지위 등을 전혀 알지 못하는 원초적 입장에 있는 합리적인 사람이라면 누구든 자연스럽게 받아들일 원칙이라고 생각했다. Rawls에게 원초적 입장이 '합당한 정치 과정을 위한 조건'이어야 하는 이유는 바로 이 때문이다.

저자는 이 최소최대 원칙이 언제 자신의 삶에 닥칠지 모르는 위험에 대비하고자 합리적인 사람에게는 매우 설득력 있는 원칙일 수밖에 없다는 의견에 동의한다. 결

과 자신의 정의론이 어떻게 다른지를 중점적으로 설명하였다.

국 우리가 '다른 사람이 아니라 바로 나 자신이 우리 사회에서 가장 열악한 위치에 처한 사람일 가능성'을 무시할 수 없을 때 우리는 최소 수혜자에게 (어쩌면 자신이 그 중 한 사람일지 모르는) 최대 혜택이 돌아가도록 사회적 가치를 분배하는 것을 정의(justice)로 보자는 합의를 앞서 언급한 '공정하고 합당한 정치 과정'을 통해서 비교적 수월하게 도출해 낼 수 있을 것이기 때문이다.

Rawls는 또한 모든 사람은 사회 전체의 복지(total welfare)라는 명목으로도 결코 침해될 수 없는, 정의에 근거한 불가침의 권리를 가지고 있다고 보았으며 정의로운 사회에서는 이러한 권리가 어떠한 정치적 타협이나 사회적 이익이라는 명분에 의해서도 침해되지 않아야 한다고 주장하였다. 그가 말하는 불가침의 권리 중 하나는 정의 제1원칙에서 그가 말한 평등한 자유 권리이며 Rawls는 사유재산제적 민주주의를 자신의 정의 원칙을 실현하기에 가장 적합한 정치경제 체제로 보았기 때문에 사유재산권 역시 불가침의 권리 중 하나이다. 저자는 바로 이러한 Rawls의 입장이 그가 기본적으로 자유주의 전통 속에서 정의 원칙을 도출하고자 시도한 자유주의자라는 사실을 분명하게 보여 주는 좋은 예라고 생각한다.

그러나 동시에 Rawls는 한편으로는 자유주의 전통에 따라 사회계약이론과 사유재산제를 옹호하면서도 다른 한편으로는 개인의 재능 같은 출생이나 우연에 의해 주어진 혜택은 개인의 것이 아니라 사회 전체가 공유해야 할 공동의 자산이라고 보았으며, 시장의 불완전성을 극복하기 위한 정부의 개입을 불가피한 것으로 볼 만큼 평등을 중요하게 생각했다. 그렇기 때문에 Rawls의 정의론은 바로 뒤이어 소개할 자유지상주의 정의론과는 분명한 차이가 있다.

이러한 이유에서 저자는 Rawls의 정의관을 평등주의적 자유주의 정의관으로 보는 일반적인 견해에 동의한다. Rawls의 정의관은, 그 가운데서도 특히 최소최대 원칙은 자칫 자유의 불가침성 그늘 속에 다른 모든 가치의 중요성이 가려져 버릴 수 있는 자유주의 정치경제 체제 앞에 복지국가의 분배적 역할을 정당화할 수 있는 근거를 제시했다는 점에서 거시사회복지실천에 중요한 시사점을 주는 정의 이론이라고 할 수 있다(Rawls, 1999).[12] 저자는 이러한 이유에서 거시사회복지실천 전문가들이 (그리고

---

12) 그러나 Rawls가 복지국가의 역할을 옹호한 것은 결코 아니다. Rawls는 『The Law of People』에서 그가 그의

특히 이 분야에서의 활동을 꿈꾸는 미래의 전문가들이) Rawls의 사상에 관심을 갖고 그가 제시한 정의론을 이해해 볼 필요가 있다고 생각한다.

3. Nozick의 정의관

Robert Nozick은 1974년에 출판된 책 『Anarch, State and Utopia』를 통해서 Rawls의 정의론과 함께 현대 정의론의 역사에 한 획을 긋는, 그러면서도 Rawls의 정의론에 대립되는 정의론을 소개했다(Nozick, 1974).

앞서 살펴본 Rawls의 정의론과 Nozick에 뒤이어서 살펴보게 될 대부분의 정치철학자들의 정의론은 어떤 구체적인 분배 결과를 이상적인 것으로 보고, 그 이상적인 분배 결과를 만들어 낼 수 있는 분배 기준 또는 원칙에 따라 분배가 이루어지는 것을(또는 이루어져야 한다는 것) 정의로 규정하는 정의관이라는 공통점을 가지고 있다. 이러한 정의관을 가리켜 정형화된 정의론(patterned theory)이라고 하는데, Nozick은 이러한 정형화된 정의관에서 벗어나 분배 결과가 아닌 분배 과정, 즉 현재의 분배 결과가 어떤 과정을 거쳐 나타난 결과인가를 중요시하는 역사적 정의론을 주장하였다.

Nozick의 정의관을 이해하기 위해서 우리는 그의 정의관의 토대라고 할 수 있는 다음과 같은 몇 가지 주장들을 먼저 이해해야 한다.

첫째, Nozick은 최소국가의 기능을 넘어서는 포괄국가는 정당화될 수 없다고 보며 포괄국가를 정당화하는 국가의 분배 또는 재분배 개입에 반대한다. 자유지상주의자(libertarian)인 Nozick은 생명권, 자유권과 함께 개인의 소유물(people's holdings)에 대한 권리인 재산권을 인간의 기본적인 권리로 인식하였다. Nozick은 인간이 생명권, 즉 자신의 신체와 정신을 지키기 위해서는 어느 정도의 재산이 반드시 있어야 한다고 보았다. 다시 말해서 개인의 재산권은 생명권을 지키는 데 필요한 기본적인 권리

초기 저서에서 밝혔던 복지국가에 관한 그의 생각을 수정하면서 자본주의 복지국가보다 사유재산제적 민주주의와 시장이 자유롭고 평등한 시민의 공정한 협동 체제 참여라는 사회 이념을 실현하는 데 더 적합하다는 점을 분명하게 밝혔다.

중 하나라는 것이다. 따라서 Nozick은 개인의 재산을 빼앗는 것은 인간의 기본 권리를 침해하는 것이라고 보았다.

둘째, Nozick은 개인의 권리는 절대적인 것이며 개인의 권리를 침해하는 어떠한 공동의 지배 체제도 존재해서는 안 된다고 보았다. 그는 또한 개인의 자유는 절대적인 것이기 때문에 개인은 다른 사람의 자유를 침해하지 않는 범위 내에서 최대한의 자유를 누릴 수 있는 권리를 평등하게 가진다고 주장했는데, Nozick은 이를 일컬어 '자유의 평등'이라고 하였다. Nozick은 이러한 자유의 절대성과 자유의 평등성을 실현하는 것이 그 무엇보다 중요하다고 보았다.

셋째, Nozick은 무언가에 대한 소유와 분배는 평등한 자유를 가진 개인들의 노동과 자유 선택을 통해 이루어지는 것이고, 또 그렇게 이루어져야 하는 것이라고 주장하였다. 인간이 소유할 수 있는 소유물 또는 재산은 하늘에서 공짜로 떨어지는 것이 아니라 인간의 노동과 자유 선택을 통해서 일궈 내야 하는 것이기 때문이다.

넷째, 자유의 절대성과 자유의 평등성을 실현하기 위해서는 개인의 소유물에 대한 소유권리(entitlement)가 다음의 네 가지 원칙[13]에 어긋나는 것이 아니라면 정당한 권리로 인정되어야 한다고 주장하였다.

① 개인이 어떤 소유물을 최초로 취득할 때 정의로운 취득 원칙에 따라 취득한다.
② 어떤 소유물에 대해 이미 소유권리를 가지고 있는 개인으로부터 정의로운 양도 원칙에 따라 그 소유권리를 양도받는다.
③ 앞의 두 원칙의 (반복적) 적용에 의해서만 소유권리를 갖는다.
④ 부당하게 이전된 소유권리에 대한 시정을 통해서 소유권리를 얻는다.

이러한 네 가지 주장의 토대 위에서 Nozick은 자신의 정의관을 다음과 같이 제시하였다.

---

13) Nozick은 『Anarch, State and Utopia』에서 ①~④번 원칙을 배분 정의 원칙으로 한꺼번에 제시하지는 않았으며, ①~③번 원칙은 하나의 문단에서 제시하고 ④번 원칙은 다른 문단에서 추가적인 원칙으로 제시하였다. 그러나 Nozick이 ④번 원칙 또한 분배 정의 원칙임을 명시했기 때문에 이에 저자는 ①~④번 원칙을 한꺼번에 배분 정의 원칙으로 제시해도 무방하다고 판단하였다.

어떤 분배하에서 각자가 자신의 소유물에 대한 정당한 소유권리를 가지고 있다면 그 분배는 정의로운 분배이다.

예를 들어, 어떤 사회의 구성원들 간의 어느 한 시점 T에서의 분배 상태가 D라고 가정해 보자. Nozick은 T 시점에서 모든 사회구성원 각자가 가지고 있는 소유권리가 위에서 말한 네 가지 원칙에 어긋나지 않는 소유권리라면, 그들 간에 존재하는 분배 상태 D는 설령 그것으로 인해 그 사회에 불평등이 존재하더라도 정의로운 분배라고 보는 것이다. 즉, Nozick은 정의론의 핵심이 분배 결과에 대한 정의가 아니라 분배에서 개인의 소유권리 획득 과정에 관한 정의이어야 한다고 주장한 것이다.

Nozick은 그렇게 해야 하는 이유를 정형화된 정의론에 대한 비판을 통해서 설명한다. 정형화된 정의론 또는 최종상태 정의론(end-result theory)은 바람직한 분배 결과를 정해 놓고 그 결과를 이루기 위해 개인의 소유물을 분배 또는 재분배하기 때문에 개인이 자신의 소유물에 대한 권리를 얻기 위해 이제까지 어떤 노력을 했는지, 그 소유권리를 얻게 되는 과정이 정당했는지 등을 분배에 반영하지 않는다. 정형화된 정의론에서 중요한 것은 누군가에 의해서 '이상적인' 결과라고 규정된 것을 실현하는 것뿐이다.

그렇기에 Nozick은 정형화된 정의론에 입각한 분배는 개인이 가진 자신의 소유물에 대해 가진 정당한 권리를 (특히 자유로운 처분 권리) 침해하면서까지 이상적인 결과를 실현하고자 하는 위험성을 가지고 있다고 비판한다. 그와 달리 소유권리를 얻는 과정의 정당성에 초점을 맞추는 역사적 정의관(historical theory)은 그러한 것들을 반영하기 때문에 개인의 기본적인 권리를 보장할 수 있다고 보았다.

저자는 Nozick의 정의관이 앞서 살펴본 Rawls의 정의관에 비해 다소 불분명하고 혼란스럽게 느껴진다는 여러 사람의 의견에 동의한다. 그러나 그렇게 느껴지는 이유는 이미 설명한 바와 같이 Nozick의 정의관이 역사적 정의관이기 때문이다. 저자는 Nozick의 정의관을 다음과 같이 이해하는 것이 그의 정의관의 핵심을 가장 잘 이해할 수 있는 방법이라 생각한다.

> 자유의 절대성과 평등이 보장된 사회에서 그 사회의 구성원 모두가 어떤 분배하에서 자신의 소유물에 대해 취득, 양도, 시정에 관한 세 가지 원칙 어느 것에 대해서도 어긋남이 없는, 정당한 소유권리를 가지고 있다면 그 분배는 정의로운 분배이다.

물론 Nozick의 정의관에 대한 '소유의 역사와 현실이 과연 생각만큼 정당한가?'라는 비판과 '개인이 가진 소유권리의 정당성을 판단할 수 있는 구체적인 원칙이 과연 존재하는가?'라는 비판은 분명히 유효한 듯하다. 그럼에도 불구하고 Nozick의 정의관은 정의 실현이라는 명분하에 우리가 누군가에 의해 규정된 이상적인 결과를 실현하는 것에 맹목적으로 몰입할 때, 자칫 우리가 자신과 대등한 가치를 가진 다른 개인의 기본적인 권리를 침해하는 부정의를 범할 수 있다는 것을 일깨워 주었다는 점에서, 그리고 어찌 보면 Rawls의 다분히 이상적인 정의관보다 좀 더 현실에 근거한 정의 이론이라는 점에서 주목해 볼 만한 가치가 있는 정의관이라고 생각한다.

4. Dworkin의 정의관

Ronald Myles Dworkin은 앞서 소개한 Rawls와 Nozick의 정의관을 토대로 그와 구별되는 새로운 정의관을 제시한 정치철학자이다. Dworkin은 자유주의자이면서 평등주의를 자유주의와 결합시킨 자유주의적 평등주의 이념을 정의관의 바탕으로 하고 있다는 점에서 Rawls와 공통점을 가지고 있다. 한편 Dworkin은 정당한 노력과 자유로운 선택의 결과를 인정하지 않는 평등은 평등이 아니라고 주장함으로써 자유지상주의자인 Nozick과 견해를 같이한다. 저자가 Dworkin의 정의관을 Rawls와 Nozick의 정의관에 뒤이어 소개하는 이유는 정의에 관한 그의 이론이 바로 이러한 특성을 가지고 있기 때문이다.

Dworkin은 그의 저서 『Sovereign Virtue』에서 정치 공동체가 추구해야 할 최고의 덕목은 평등이라고 주장하였다(Dworkin, 2002). 그는 자유주의자이면서도 자유주의의 핵심에 자유가 아니라 평등이라는 이념이 자리하고 있다고 본 것이다. 그런데

Dworkin이 말하는 평등은 결과의 평등이 아니었다. Rawls와 달리 Dworkin은 중요한 것은 결과의 평등(equality of welfare)이 아니라 자원의 평등(equality of resources)이라고 주장하였는데, 이러한 그의 생각을 이해하기 위해서는 Rawls의 정의관에 대한 그의 비판을 이해할 필요가 있다.

Dworkin은 Rawls의 정의관을 다음과 같이 비판하였다. 첫째, Rawls의 최대최소원칙에 따라 사회구성원 중에 가장 열악한 위치에 있는 최소 수혜자에게 최대 혜택이 돌아가도록 소득과 부를 재분배할 수는 있지만, 그러한 노력이 지금의 최소 수혜자가 왜 최소 수혜자가 되었는지에 대한 아무런 고민 없이 최소최대 원칙의 실현 그 자체를 위해서 무분별하게 이루어진다면 그러한 노력은 정당성 문제를 야기하지 않을 수 없다.

둘째, '최소'를 소득이나 부를 기준으로 판단한다면 그나마 상대적으로 수월할지 모르나 '최소'가 선호나 만족 같은 주관적인 요소와 관련된 것이라면 누가 최소 수혜자인지, 그들에게 무엇을 얼마나 분배해야 결과의 평등을 이룰 수 있는지 등은 어느 누구도 알 수가 없다. 예를 들어, 시각장애를 가진 사람에게 장애를 갖지 않은 사람보다 많은 소득이나 부를 배분할 수는 있으나, Dworkin은 그 시각장애인이 소득이나 부를 기준으로 할 때의 최소 수혜자가 아닐 수도 있다고 주장하였다. 그는 또한 샴페인을 마셔야만 행복해지는 사람들을 행복하게 만들기 위해서 그들에게 럼주를 마셔야 행복해지는 사람들을 행복하게 만들기 위해 필요한 럼주 양만큼의 샴페인을 분배할 수는 없으며, 샴페인을 마셔야 행복해지는 사람과 럼주를 마셔야 행복해지는 사람 모두의 행복 수준을 평등하게 만들기 위해서 럼주를 마시는 사람에게 분배될 자원의 몫을 샴페인을 마시는 사람에게로 이전하는 것은 정당하지 않다고 주장하였다.

이러한 이유에서 Dworkin은 결과의 평등(equality of welfare)보다는 결과를 얻기 위한 수단인 자원과 기회에 주목하였으며, 자원이라는 수단을 공정하게 분배하는 것을 현실적으로 달성할 수 없는 목표인 결과의 평등보다 우선시해야 한다고 주장하였다. 그러면서 Dworkin은 자원의 평등한 분배를 위한 원칙을 무인도에서의 사유재산권 분배라는 가상적인 상황을 통해 제시하였다.

바다를 표류하다가 무인도에 도착한 몇 명의 사람들이 각자 자신이 원하는 삶을 살아가는 데 필요한 자원을 확보하기 위해서 무인도에 존재하는 자원에 대한 사유재산권을 분배한다고 가정해 보자. 이러한 상황에서 Dworkin은 모든 사람에게 '동일한 양'의 자원이 분배되는 것을 평등한 분배라고 보지 않는다. 왜냐하면 각자 원하는 삶이 서로 다른 사람들 사이에서 모두에게 똑같이 '동일한 양의 자원'이 분배된다면, 각자가 어떤 삶을 살기 원하는가에 따라서 어떤 사람에게는 부족하지만 다른 어떤 사람에게는 과할 수 있어서 누구에게도 만족스럽지 않은 상황이 벌어질 수 있기 때문이다. 즉, 평등은 자신이 원하는 삶을 살아가는 데 필요한 만큼의 자원을 얻을 수 있는지에 관한 것이지, 동일한 양의 자원이 분배되는지에 관한 것이 아니라는 것이다.

Dworkin은 이러한 상황에서 모두가 만족할 수 있는 분배가 이루어지게 하려면 모든 사람이 무인도에 존재하는 모든 자원에 대한 경매에 참여할 수 있는 평등한 기회와 구매력을 가진 상태에서, 경매라고 하는 시장 기제를 통해 자신이 필요로 하는 자원을 분배받게 해야 한다고 주장하였다. 그리고 그러한 경매가 반복되어 다음과 같은 상태에 이르는 것이 정의로운 분배라고 주장하였다.

> 그러한 경매가 반복돼서 누구도 자신이 갖지 못한 것을 다른 사람이 가졌다는 사실에 대해서 시기하지 않는, 시기 시험(envy test)을 모든 사람이 통과하게 되면 그때의 분배가 평등한 그리고 정의로운 분배이다.

Dworkin은 사회구성원 중 어느 누구도 다른 사람이 자신이 원하는 삶을 사는 데 필요한 자원을 확보한 것에 대해 시기하지 않는다는 것은 사회구성원 모두가 서로를 동등한 자유와 권리를 가진 존재로 인정하는 것이라고 보았다. 아울러 그는 각자가 자신이 분배받은 자원을 가지고 자신이 원하는 삶을 산 결과 사회구성원 간에 불평등이 발생하더라도 누구도 그 불평등이 애초의 분배가 잘못되었기 때문에 발생했다고는 주장할 수 없다고 보았다. 즉, Dworkin에게 있어서 평등은 그 실체가 정당한 노력을 한 사람에게(사람이) 응분의 보상이 주어지는 (응분의 보상을 받는) 것이고 책임과 분리될 수 없는 것이다. 그렇기에 Dworkin은 경제적 불평등을 다음과 같이 구분하고 선택 운에 의한 불평등은 허용되어야 하는 불평등이라고 주장하였다.

- 개인의 자유로운 선택의 결과인 '선택 운(option luck)'으로 인한 경제적 불평등
- 개인의 생물학적 특성, 물려받은 유산의 양 등과 같은 '비선택 운(brute luck)'에서 기인한 경제적 불평등

그러나 동시에 Dworkin은 비선택 운에 의한 불평등을 그냥 내버려 둬야 할 불평등이라고 보지 않았다. 오히려 그는 바람직한 사회는 보험 제도를 통해서 사람들이 가능한 한 '비선택 운'을 '선택 운'으로 바꿀 수 있게 해야 한다고 주장하였다. 즉, 사람들로 하여금 자신이 비선택 운으로 인해 경제적 불평등에 처할 가능성을 고려하여 자신에게 필요한 보험에 가입하고 자신에게 필요한 보험의 수준을 자유롭게 결정할 수 있도록 해야 한다는 것이다.

Dworkin이 어떤 논문이나 저서에서도 '복지국가'나 '사회보장제도'를 언급한 적은 없다. 그러나 저자는 Dworkin의 바로 이러한 주장이 궁극적으로는 바람직한 사회(예: 복지국가)는 누진세와 분배 제도를 (사회보장제도 같은) 통해서 비선택 운으로 인해 발생하는 불평등을 수정하는 보상 체계(예: 재분배 체계)를 마련하여 평등을 만들어 내는 기제로서의 시장이 작동할 수 있게 해야 한다고 주장한 것과 다름이 없다고 생각한다.

Dworkin은 여기서 한 걸음 더 나아가 그러한 분배 제도가 갖춰야 할 두 가지 요건을 제시했는데 그중 하나는 비선택적 차이 둔감성(endowment-insensitivity), 즉 물려받은 유전적 특성이나 유산 같은 개인 간의 비선택적 차이에 대해서는 무감각해야 한다는 것이고, 다른 하나는 야망 민감성(ambition-sensitivity), 즉 개인이 가진 야망에 대해서는 민감해야 한다는 것이다. 이를 달리 표현하면 한 사회의 분배 제도는 사회구성원 간에 존재하는, 비선택적 차이에 따른 차등적 분배가 아니라 사회구성원 간에 존재하는, 자신이 원하는 삶에 대한 야망, 삶의 목표, 선호, 가치 등의 차이가 반영된 차등적 분배가 이루어질 수 있게 작동해야 한다는 것이다. 왜냐하면 Dworkin은

분배 제도가 그렇게 작동할 때만 모든 사회구성원은 자신의 선택이 다른 사회구성원들에게 주는 진정한 부담 또는 혜택을 올바르게 인식할 수 있으며, 그렇게 될 때 비로소 사회구성원 모두가 자신이 한 선택의 결과를, 그것이 좋은 결과이든 나쁜 결과이든 받아들일 수 있다고 주장하기 때문이다.

이러한 Dworkin의 정의 이론을 요약하자면, Dworkin은 사회구성원에게 자유로운 선택을 최대한 보장하고, 그들이 시장에서 자유로운 선택을 통해 자신이 필요로 하는 자원을 분배받고, 각자가 자신의 선택에 대해서 책임을 지는 것을 정의의 핵심 원칙이라고 보았으며, 그러한 원칙하에서 이루어진 분배가 정의로운 분배라고 주장한 것이다.

앞서 언급했던 바와 같이, 이러한 Dworkin의 정의관은 자유의 절대성, 개인의 소유권리에 대한 인정, 정당한 과정의 결과로서 발생한 불평등에 대한 인정, 그리고 정의에 있어서 자유와 시장이 갖는 중요성 등을 강조한 점에서 Nozick의 정의관과 매우 유사한 면을 가지고 있다. 그러나 Dworkin은 자유의 절대성을 지키기 위해서 경제적 불평등을 정당화하는 자유지상주의 이념을 부정했으며, 자유와 평등이 대립적인 이념이 아니라 자유 이념의 중심에 평등 이념이 있다고 주장하였다. 그리고 평등을 정의관의 핵심에 두었다는 점에서 Nozick의 정의관과 명확하게 다른 정의관을 제시하였다.

Dworkin은 또한 정의로운 사회는 사회구성원들 사이에 존재하는 경제적 불평등을 시정하기 위해 노력해야 한다고 주장한 점에서 그리고 '보험'이라는 수단을 재분배 기제로 사용하여 시장이 만들어 낸 불평등을 시정할 수 있다고 본 점에서는 Rawls와 유사한 견해를 가지고 있다. 하지만 평등 개념에서 결과의 평등 개념을 배제하여 평등의 대상을 결과에서 자원으로 전환함으로써 이상적일 뿐 현실적이지는 않다는 비판을 받는 Rawls의 정의관에 대안이 될 수 있는 새로운 자유주의적 평등주의 정의관을 제시했다는 평가를 받는다.

5. Walzer의 정의관

Nozick이 자유지상주의를 대표하는 사상가이고, Rawls와 Dworkin이 자유주의 정의관을 대표하는 사상가라면 Michael Walzer는 공동체주의를 대표하는 사상가 중 한 사람이다. Walzer는 1983년 출간된 그의 저서『Spheres of Justice』에서 정의를 공동체주의적 관점에서 바라보고 해석한 다원적 정의관을 제시하였다(Walzer, 1983). 그는 사회에는 여러 영역이 있으며 그 모든 영역에 적용되는 하나의 정의 원칙이 있는 것이 아니라 삶의 영역별로 다른 정의 원칙이 적용되어야 한다고 주장하였다.

Walzer의 다원적 정의관을 이해하기 위해서는 그가 말하는 복합 평등(complex equality) 개념에 대한 이해가 필요하다. 복합 평등 개념을 이해하기 위해서는 먼저 그가 제시한 다음과 같은 전제들을(proposition) 이해해야 한다.

- 분배 정의와 관련이 있는 모든 가치(goods)는 사회적 가치(social goods)이다.
- 모든 사회구성원은 각자 자신이 사회적 가치를 인식하고, 생산하고, 소유하고, 사용하는 방식에 의해서 자신의 정체성을 확고히 한다.
- 모든 도덕적 물질적 세계에 통용될 수 있는 어떤 기본적인 가치 또는 그러한 가치들의 집합은 존재하지 않으며, 설령 존재하더라도 지극히 추상적인 용어로밖에 정의할 수 없으므로 분배에 관한 구체적인 논의에서 고려 대상이 되지 않는다.
- 사회적 가치가 누구로부터 누구에게로 또는 어디에서 어디로 이동할지는 그 가치가 가진 의미에서 전적으로 결정된다.
- 사회적 가치의 의미는 그 속성이 역사적인 것, 즉 시간에 따라 변하는 것이다.
- 서로 다른 의미를 가진 사회적 가치에 대한 분배는 자율적으로 이루어져야 한다.
- 서로 다른 정치적 공동체 간에는 사회적 가치를 부여하는 대상(objects)에서도 차이가 있을 수 있다.

- 공동체는 일반적으로 단일 대상이 아니라 다양한 대상에 대해서 사회적 가치를 부여하며 각각의 것들의 상대적 가치 간에는 서열이 존재하지 않는다.
- 서로 다른 사회적 가치에는 각각에 맞는 분배 원칙(norm)이 있으며 각각의 분배 원칙은 해당 가치에 대해서 사람들이 공유하고 있는 이해(shared understanding)에 의해서 규정된다.

이러한 전제하에서 Walzer는 어떤 사회구성원도 사회의 여러 영역 중 어느 한 영역 또는 그 영역의 핵심적 사회적 가치(goods)에 대해 자신이 가진 지위를 가지고 그 사회의 다른 영역 또는 다른 영역의 핵심적 가치를 침해해서는 안 된다고 주장했다. 이 말을 달리 표현하면 어떤 사람이 사회의 어느 한 영역에서, 그 영역에서 중요시되는 사회적 가치를 얼마나 소유하고 있는지, 그 사람이 그 사회의 다른 영역에서 중요시되는 사회적 가치를 얼마나 소유하고 있는지에 의해 지배되어서는(be dominated) 안 된다는 것이다. 예를 들어, 어떤 사람이 양질의 교육에 대한 접근성을 얼마나 가질 수 있는지는 그 사람이 가진 정치 권력의 양에 의해서 좌지우지되어서는 안 되며, 어떤 사람의 건강 수준이 그 사람이 가진 소득과 부의 양에 의해서 결정되게 해서는 안 된다는 것이다.[14)]

Walzer는 그렇게 되지 않게 하려면 제각기 고유한 사회적 가치를 지향하는 사회 내의 여러 분배 영역에서, 그 영역에서 중요시되는 사회적 가치에 대한 분배는 그 영역에 맞는 분배 원칙(a correct distributive principle)에 따라 독립적으로 이루어져야 한다고 주장하였다. 왜냐하면 한편으로는 그렇게 해야만 그 사회가 그 사회의 어느 한 영역에서 불평등이 발생하더라도 그 불평등이 다른 영역으로까지 이어지는 것을 막을 수 있기 때문이고, 다른 한편으로는 정의 원칙은 Walzer가 주장한 바와 같이 역사적인 것이면서 동시에 공동체적 또는 문화적인 것이기 때문이었다.

---

14) Walzer의 관점에서 보자면 비록 자기 자신을 위해서는 아니더라도 2020년 한국의 한 고위공직자가 자신의 정치적 권력을 이용하여 자신의 자녀가 양질의 교육을 받을 기회를 얻게끔(아마도 그 자녀가 자신의 능력만으로는 얻기 어려웠으리라 생각되는) 영향력을 행사한 것은 (만일 그것이 사실이라면) 잘못된 것임이 분명하다고 하겠다.

Walzer는 모든 분배 영역에서 사회적 가치에 대한 분배가 시대적 특성이나 공동체의 문화와 (즉, 사회적 가치에 대해서 그 영역과 관련된 사회구성원 공동체가 공유하고 있는 이해) 무관하게 어떤 하나의 원칙에 의해서만 이루어진다면 그 사회에서 사회적 가치는 설령 그것이 다양하다 할지라도 독립적으로 분배되지 않으며, 그 결과 한 영역에서의 분배가 다른 영역에서의 분배의 지배와 독점 아래 놓이게 된다고 주장하였다. 이러한 주장은 그의 정의관이 공동체주의를 바탕으로 하고 있음을 가장 잘 보여주는 주장이라고 하겠다.

그렇기에 Walzer는 중요한 것은 사회의 모든 영역에서 평등한 분배를 이루는 것이 아니라, 사회의 어떤 영역에서 구성원들 사이에 사회적 가치의 분배가 불평등하더라도 그러한 불평등이 사회의 다른 영역의 분배 불평등으로 이어지지 않게 하는 것이라고 보았다. 그리고 그렇게 할 수 있다면 설령 그 사회의 어떤 영역의 분배가 불평등하더라도, 그 사회는 전체적으로는 불평등한 사회가 아니며 그 사회는 부분적인 불평등의 존재에도 불구하고 복합적으로 평등한 사회라고 주장하였다. 즉, 각 분배 영역에서의 분배가 그 영역에 적합한 정의로운 분배 원칙에 따라 독립적으로 이루어질 때 그 사회는 복합 평등을 이룰 수 있다는 것이다.

Walzer는 이처럼 다원적 정의 원칙에 따라 사회의 각 영역들이 자율성과 독립성을 가지고 조화를 이루어 복합 평등을 이룬 사회를 '정의를 실현한 사회'로 본 것이다. Walzer의 정의 이론을 가리켜 '복합 평등 정의' '다원주의 정의'라고 부르는 이유는 그가 제시한 정의관이 바로 이러한 내용을 골자로 하는 정의 이론이기 때문이다. Walzer의 이러한 정의관은 어느 한 가지 평등을 (그것이 결과이든 자원이든) 정의의 기준으로 삼지 않았다는 점에서, 그리고 정의를 역사·사회적으로 규정되는 것으로 보고 다원적 정의 원칙의 존재를 강조했다는 점에서 Rawls나 Dworkin의 자유주의적 관점과는 다른 관점을 가진 정의관으로 평가된다.

정의가 어느 한 가지 평등 개념만으로 규정될 때 정의는 자칫 공동체로서의 사회구성원에 의해서가 아니라 권력을 가진 소수가 선호하는 가치를 반영하게끔 규정되어 버릴 수 있다. 그리고 우리는 역사를 통해 그 정의를 실현한다는 명분 아래 이루어지는, 권력을 가진 주체의 (국가 같은) 개입과 지배가 어떤 부정의를 가져왔는지를 분명하게 목격해 왔다. 물론 시장이 중심적 역할을 하는 자유지상주의적 정의관을 따르더라도 개입과 지배의 주체가 권력자에서 시장으로 바뀔 뿐 우리가 직면하게 되는 위험의 본질은 변하지 않는다.

Walzer는 바로 이러한 상황에서 복합 평등을 정의의 기준으로 삼을 것을 제안하였다. 사회는 다양한 분배 영역으로 분화될 수 있어야 하며, 그 각각의 영역에 대해서 그 영역의 정의가 공동체의 공유된 가치에 의해서 시대적으로 결정될 수 있는 자율성을 인정해야 한다. 물론 이러한 Walzer의 정의 이론이 비판으로부터 절대적으로 자유로운 것은 아니다. 예를 들면, 분배 영역 분화와 그러한 분화에 대한 인정이 국가나 시장의 지배를 약화할 수는 있을지 모르나, 분화된 영역별로 국가보다 작은 단위의 권력 주체나 영역별 시장에 의한 지배가 여전히 존재할 것이라는 비판의 타당성을 부정할 수 있는 근거를 찾기는 쉽지 않아 보인다.

그럼에도 불구하고 저자는 아무리 적은 자율성과 독립성이라도 얻을 수만 있다면 지금부터 이를 얻기 위해 최선의 노력을 다해야 한다고 생각한다. 왜냐하면 21세기 사회는 단일 가치가 지배하는 사회가 아니기 때문이다.[15] 다양한 가치에 대한 인정 없이는 그리고 사회의 다양한 영역에서 다양한 도덕적 주체가 다양한 가치를 추구해 가는 데 필요한 자율성과 독립성에 대한 실질적 보장 없이는 우리 사회가 지속 가능한 공동체가 되기에 어렵기 때문이다.

15) 2021년 4월에 치러진 서울과 부산의 시장 보궐 선거의 결과와 같은 해 6월에 있었던 보수 야당의 당 대표 선출을 위한 선거의 결과에 대해서 모든 언론은 진보, 보수를 막론하고 그러한 결과가 나타난 이유가 2030 세대가 본격적으로 정치에 관심을 갖기 시작했기 때문이라는 분석을 내놓았다. 저자는 그러한 분석에 한편으로는 동의하면서도 다른 한편으로는 그러한 현상이 나타나게 된 더 근본적인 원인은 우리 사회가 단일 가치를 지향하는 사회에서 다양한 가치를 지향하는 사회로 변하고 있기 때문이라고 생각한다. 그러면서 저자는 향후 적어도 20년 동안은 자유주의와 개인주의가 우리 사회의 지배적인 정치 이데올로기가 될 것이라는 예상도 함께해 본다.

6. Sandel의 정의관

Michael Sandel은 Walzer와 더불어 공동체주의적 관점에서 정의를 바라본 또 다른 정치철학자이다. Sandel은 여러 저서를 통해 자유주의 정의관을 비판하면서 공동체주의에 입각한 자신의 정의관을 제시하고자 시도하였다.[16] 그런데 저자는 Sandel의 그러한 시도가 자유주의 정의관의 (특히 Rawls 정의관) 한계를 비판하는 데는 매우 성공적이었지만 다른 사상가들의 정의관과 구분될 만한 자신만의 정의관을 제시하는 데는 그다지 성공적이지 못했다고 생각한다. 단적인 예를 들면, 저자는 적어도 그의 저서를 통해서는 그가 주장하는 정의 원칙이 과연 무엇인지 그리고 정의 원칙을 논하기에 앞서 공동체주의자라면 가지고 있으리라 기대되는, 공동선(common goods)의 실체에 관한 그만의 생각이 무엇인지를 이해할 수가 없다.

그럼에도 불구하고 저자는 Sandel이 자유주의 정의관에 대한 비판을 통해서 공동체주의적 정의 관념이 어떤 것인지 내지는 어떤 것이어야 하는지를 간접적으로 잘 설명해 주고 있다고 생각한다. 이러한 이유에서 Sandel의 정의관을 저자가 가진 제한된 이해의 범위 내에서만 소개해 보고자 한다. 공동체주의가 말하는 정의는 어떤 것인가? 이 질문에 대해서 같은 공동체주의자이지만 이번에는 Walzer가 아니라 Sandel의 생각을 바탕으로 답해 본다면 다음과 같이 답할 수 있을 것 같다.

공동체주의와 자유주의 간에는 여러 가지 견해 차이가 존재한다. 아마도 그중에서 가장 핵심적인 차이는 도덕적 책임 주체의 단위를 무엇으로 볼 것인가에 관한 견해 차이일 것이다. 저자는 자유주의와 공동체주의 어느 쪽도 개인과 공동체 가운데 각각의 진영이 원하지 않는 어느 하나는 절대로 도덕적 책임 주체의 단위가 될 수 없

16) 인류의 역사 속에서 자유주의와 개인주의는 밀접한 관계를 유지하면서 함께 성장해 온 것이 사실이지만 그렇다고 해서 이 두 가지 이념을 동일시하는 것은 적절하지 않다. 자유주의자는 개인주의를 인정할 수도 있고 공동체주의를 인정할 수도 있다. 그렇기 때문에 저자는 혹시라도 독자들이 공동체주의자인 Sandel이 자유주의자인 Rawls의 정의관을 비판했다는 사실이 마치 공동체주의와 자유주의가 양립하기 어려운 두 가지 대립적인 입장이라는 것을 의미하는 것처럼 잘못 이해하지 않기를 바란다. 개인주의, 다원주의, 자유주의 간의 관계에 관한 논의는 Hellsten(1998)의 『Moral Individualism and the Justification of Liberal Democracy』를 참고하기 바란다.

다는 식의 절대적인 부정을 하는 있지는 않다고 생각한다. 다만 이들 두 진영 간에는 다음과 같은 견해 차이가 있다.

자유주의		공동체주의
도덕적 주체의 단위는 당연히 개인이어야 하고 공동체는 가능한 한 도덕적 주체의 단위가 되지 않게 해야 한다.	vs	개인이 도덕적 주체의 기본 단위라는 것을 부정하지 않으나 공동체 역시 도덕적 주체가 될 수 있고, 더 나아가서 사회적 목적은 개인이 아니라 공동체 단위에서 추구하고, 실현하고, 보호해야 한다.

공동체가 도덕적 책임 주체의 단위가 될 수 있고, 되어야 한다는 공동체주의자들의 주장은, 사람은 다른 사람과 분리된 진공상태에서 살지 않으며 누구나 특정 시대를 특정 공동체의 일원으로서 다른 사람과 관계를 맺으면서 살아간다는 생각을 바탕으로 하고 있다. Sandel을 포함한 공동체주의자들은 사람들은 어떤 시대에서든 공동체의 구성원으로서 다른 사람들과 역사, 전통, 가치, 의미, 정체성 등을 공유하면서 살아가며, 더 나아가서 사람들은 그러한 공유를 바탕으로 그들이 공통되게 원하는 무언가를 할 수 있도록 사회 구조화까지 할 수 있다고 본다.

그러므로 공동체주의자들은 정의가 사람들의 이러한 실제 삶과 무관하게 (다시 말해, 공동체로부터 분리된 상태에서) 규정될 수 없으며, 그런 식으로 정립된, 어떠한 가치나 목적으로부터도 중립적인 정의 원칙은 한마디로 말해서 무의미한 것이라고 본다. 또한 그들은[17)] 공동체의 구성원으로 살아가는 모든 사람은 타인과의 관계 속에서 살아갈 수밖에 없기 때문에 각자가 공동체 내에서 자유롭고 독립적인 존재로서 자신이 원하는 삶을 자신이 원하는 방식대로 살아갈지라도, 각자가 자신의 선택에 대한 결과를 책임지는 것은 물론이거니와 각자가 자신의 삶과 관련해서 내린 자유로운 결정과 선택의 결과가 초래한, 공동체 단위의 결과에 대해서도 서로 간에 책임을 져야 한다고 주장한다. 즉, 공동체 구성원 모두는 서로에 대해서 그리고 공동체 전체에 대해서 도덕적 의무를 (예: 사회적 약자 배려 같은) 갖는다는 것이다.

17) Sandel뿐만 아니라 Amitai Etzioni, Alasdair MacIntyre, Phillp Selznick 등 여러 공동체주의 사상가들이 있다.

저자는 공동체주의자들의 정의관이 바로 이 시민 상호 간의 도덕적 의무 개념을 바탕으로 하고 있다고 생각한다. 그렇기에 저자는 공동체주의자들이 주장하는 정의의 원칙이 다음과 같다고 이해한다.

> 공동체의 모든 구성원이 각자에게 공동체가 요구하는 도덕으로서의 그러한 의무가 있음을 인정하고 그에 대해서 책임지는 것

제4장

권리, 인권 그리고 사회 정의

1. 권리
2. 인권
3. 사회 정의
4. 복지이중성

제4장

권리, 인권 그리고 사회 정의

1. 권리

분배 정의에 관한 논의를 할 때 절대 빠뜨려서는 안 되는 주제 중 하나는 인권(human right)이다. 그리고 인권에 관한 논의를 하기 위해 우리가 제일 먼저 해야 할 일은 권리라는 개념을 이해하는 것이다.

1) 권리의 본질

권리(right, 權利)란 무엇인가? 권리라는 개념을 어떻게 정의하는지는 연구자마다 다를 수 있으나 대개 경우 연구자들은 권리를 다음과 같은 개념 범위 내에서 정의하는 것 같다.[1)]

1) 권리에 관한 더 자세한 논의를 원하는 독자들은 Thomson(2023)의『권리란 무엇인가』(이민열 역)와 Thomson (1990)의『The Realm of Rights』를 참고할 것을 추천한다.

- 법에 의해 보호되는 이익 또는 자격
- 일정한 이익을 누리기 위해 그의 의사를 관철시킬 수 있는 힘
- 법에 의해 부여된 또는 법이 인정하는, 특정 이익을 누릴 수 있는 힘
- 개인이나 집단이 사회활동을 함에 있어서 정당하게 행사할 수 있는 힘
- 어떤 일을 자유롭게 행하거나 타인에 대해서 주장하고 요구할 수 있는 자격이나 힘

권리의 주체는 개인 또는 집단이며 권리의 객체는 특정 이익이다. 권리는 개인이나 집단이 누리고자 하는 특정 이익을 전제로 존재하는 것이며, 그 특정 이익의 향유가 권리의 목적이 된다. 그리고 특정 이익을 향유할 수 있게 하는 힘(power)이 권리의 실체이다.

권리로서의 힘은 법에 의해서 인정되고 보장되는 힘이다. 즉, 권리는 명목적인 힘이 아니라 권리 주체가 자신이 누리고자 하는 이익을 (즉, 권리 객체를) 타인에 대해서 요구하고 주장하고 강제할 수 있는 실질적인 힘이라는 것이다. 권리 주체가 그러한 힘을 행사하는 것이 (어떤 작위 또는 부작위를 강제하는 것) 정당한 이유는 그 힘의 행사가 옳은 것이기 때문이기도 하지만, 그보다는 그 힘이 법에 의해서 부여된 힘이기 때문이다.

권리는 권리 주체가 누리고자 하는 특정 이익이 존재하더라도 그 특정 이익을 보호하는 법이 존재하지 않으면 존재할 수 없다. 따라서 특정 이익 향유와 관련된 힘이 권리가 되려면 그 힘은 반드시 입법 과정을 (법의 제정 또는 개정) 거쳐 권리 지위를 인정받고 권리의 내용과 한계가 법에 의해 정해져야만 한다. 이를 가리켜 권리법력설(rights according to law)이라고 한다.

한 사회에서 이익 향유 의사를 관철시키고자 하는 힘 또는 사회활동을 함에 있어서 행사하고자 하는 힘 중에서 어떤 것을 권리로 인정하고 어떤 것을 인정하지 않을지는, 일반적으로 그 사회의 구성원들이 정치 과정을 통해서 결정한다. 사회구성원 저마다가 향유하기 원하는 모든 이익을 하나의 집합이라고 본다면 권리는 그 집합의 부분 집합인 셈이다.

2) 권리의 종류

그렇다면 이익 향유를 위한 힘 중 어떤 것들이 권리로 인정되는가? 이 질문을 우리는 '권리의 종류에는 어떤 것들이 있는가?'라는 질문으로 바꿔 표현할 수 있다. 권리의 종류는 무엇을 기준으로 나누는지에 따라 다르게 분류되기 때문에 권리의 종류는 국가마다 다를 수 있다. 한국은 권리를 다음과 같이 공권, 사권, 사회권으로 대분류하고 각각의 분류 내에서 권리 내용, 권리 작용, 권리 효력 범위 또는 권리 이전성 등을 기준으로 권리를 다시 세분류한다.

〈표 4-1〉 권리 대분류

<table>
<tr><th>분류 기준</th><th colspan="2">종류 및 내용</th></tr>
<tr><td rowspan="3">권리 관계</td><td>공권</td><td>• 국가적 공권: 국가 또는 지방자치단체가 지배자로서 국민에 대하여 강제할 수 있는 권리. 권리 목적, 권리 작용, 권리 내용을 기준으로 구분
• 개인(국민)적 공권: 국민이 우월한 의사주체인 국가 등의 행정 주체에 대하여 자신의 이익을 위해 일정한 행위를 요구할 수 있는 피지배자로서의 권리. 권리 내용을 기준으로 구분</td></tr>
<tr><td>사권</td><td>사인 상호 간의 재산과 신분관계에 관한 권리. 권리 내용을 기준으로 구분</td></tr>
<tr><td>사회권</td><td>공권과 사권을 혼합한 성질의 권리로서 사회법에 의해 인정되는 권리.
권리 내용을 기준으로 구분</td></tr>
</table>

〈표 4-2〉 권리 세분류

<table>
<tr><th colspan="3">분류 기준</th><th>종류</th></tr>
<tr><td rowspan="4">공권</td><td rowspan="3">국가적 공권</td><td>권리 목적</td><td>재정권, 군정권, 형벌권, 경찰권, 공기업권 등</td></tr>
<tr><td>권리 내용</td><td>명령권, 강제권, 형성권, 공법상 물권 등</td></tr>
<tr><td>권리 작용</td><td>입법권, 사법권, 행정권</td></tr>
<tr><td>개인적 공권</td><td>권리 내용</td><td>자유권, 수익권, 참정권</td></tr>
<tr><td rowspan="4">사권</td><td colspan="2">권리 내용</td><td>인격권, 신분권, 사원권, 재산권</td></tr>
<tr><td colspan="2">권리 작용</td><td>지배권, 청구권, 항변권, 형성권</td></tr>
<tr><td colspan="2">권리 효력 범위</td><td>절대권, 상대권</td></tr>
<tr><td colspan="2">권리 이전성</td><td>일신전속권, 비일신전속권</td></tr>
<tr><td>사회권</td><td colspan="2">권리 내용</td><td>근로권, 교육권, 사회보장권 등 인간다운 생활을 할 수 있는 권리</td></tr>
</table>

이 장에서는 이러한 권리들 중 다음에서 살펴볼 인권 개념을 이해하기 위해 알고 있어야 한다고 판단되는 권리인 개인적 공권과, 권리 내용을 기준으로 분류한 사권에 대해서만 그 내용을 살펴보기로 하겠다.

(1) 개인적 공권

개인적 공권은 국민 개인이 국가, 공공단체 등의 행정주체에 대하여 일정한 작위, 부작위, 수인, 급부 등의 행위를 요구할 수 있도록 공법에 의해서 주어진 힘이다. 어떤 국가에서 개인적 공권이 권리로 인정된다는 것은, 그 국가의 국민이 국가의 지배를 받는 행정객체이면서 동시에 국가와 동등한 지위에서 자신의 이익을 법원을 통해 관철시킬 수 있는 주체로 인정되는 실질적인 법치주의가 실현되고 있다는 매우 중요한 의미를 갖는다. 개인적 공권에는 자유권, 수익권, 참정권이 있다.

① 자유권

자유권(right to freedom)은 개인이 국가, 공공단체 등 행정주체의 행정작용에 의해 침해를 당하지 않을 권리이다. 행정 주체가 행정을 하는 과정에서 개인의 자유를 부당하게 침해하는 경우가 발생할 수 있는데, 자유권은 그러한 경우 개인이 그 침해의 배제를 청구할 수 있는 권리를 말한다. 이때 주의해야 할 것은 자유권이 침해를 적극적으로 방지하는 권리가 아니라 발생한 침해를 거부하거나 침해의 배제, 즉 부작위를 요구할 수 있는 권리라는 점이다. 그렇기 때문에 자유권은 (다른 개인적 공권과 달리) 적극적 효과는 없고 소극적인 거부적 효력밖에 없는 권리이다.

② 수익권

수익권(beneficiary right)은 국민이 국가, 공공단체 등에 대하여 특정 작위, 급부 등을 요구하는 것이나 국가의 특별한 보호를 받는 것 등 국가로부터 적극적으로 특정 이익을 받을 수 있는 권리를 말한다. 현대 복지국가는 국민의 복지 향상을 위해 적극적으로 노력해야 하기 때문에 발전된 복지국가일수록 다른 개인적 공권에 비해 수익권이 갖는 상대적 중요성이 높다고 할 수 있다.

수익권은 기본권을 보장하기 위한 기본권과 생활권적(생존권적 또는 사회권적) 기본권으로 구분한다. 전자에 해당하는 대표적인 권리로는 수재판청구권, 청원권 등이 있으며 후자의 수익권으로는 교육권, 근로권 등을 꼽을 수 있는데, 현대 복지국가에서는 국민이 인간다운 생활을 하기 위해서 국가, 공공단체 등에 대하여 요구할 수 있는 사회권적 수익권인 사회보장수급권도 후자에 해당하는 권리로 보는 경향이 강하다.

③ **참정권**

참정권(political rights)은 국민이 행정 주체의 의사형성에 참여할 수 있는 권리이다. 국민은 선거를 통하거나 직접 공무원이 되어 국정에 직접 또는 간접적으로 참여할 수 있는데, 참정권을 한 마디로 말하면 국민의 이러한 직·간접적인 참여를 위한 권리라고 할 수 있다. 참정권은 국가내적인 권리이므로 외국인과 법인에게는 인정되지 않는다.

참정권은 간접참정권과 직접참정권으로 나뉘는데 간접참정권에는 공무원선거권(대통령, 국회의원, 지방의회의원, 지방자치단체장), 권리의 주체가 될 수 있는 자격요건인 피선거권으로서의 공무담임권이 있다. 직접참정권은 국민이 국가의 의사형성에 직접 참여할 수 있는 능동적인 권리로서 직접민주주의를 위한 권리라고도 불린다. 직접참정권에는 국민투표권, 국민발안권, 국민소환권 등이 있다. 이러한 직·간접참정권 중 우리나라의 현행 대한민국헌법은 국민투표권, 공무원선거권, 공무담임권을 참정권으로 인정하고 있다.

(2) 사권의 권리 내용별 분류

권리 내용을 기준으로 분류한 사권에는 인격권, 재산권, 신분권, 사원권이 있다.

① **인격권**

인격권(personality rights)이란 인격자의 생명, 신체, 명예, 신용, 자유, 명예, 정조, 창작, 초상 등을 독점적이고 배타적으로 향유할 수 있게 보호하는 것을 목적으로 하는 권리이다. 인격권은 권리 주체인 인격자의 존재 그 자체로부터 발생하는 권리이며 인격자와 분리할 수 없는 그 자신이 권리의 객체가 되는 권리이다. 또한 특정 권리 주체에게만 귀속하고 타인에게 양도할 수 없는 일신전속적(一身專屬, the right under exclusive belongness of oneself) 권리이다.

② 재산권

재산권(property rights)은 재산적 가치를 지니는 권리로서 사권이면서 비재산권인 인격권, 신분권, 사원권과 대립되는 개념의 권리이다. 재산권은 용어가 의미하는 것 그대로 금전으로 가치를 바꾸거나 나타낼 수 있는 경제적 가치를 내용으로 하는 권리인데, 물권, 준물권, 채권, 무체재산권(정신적 아이디어 및 그 산물에 대한 권리인 특허권, 저작권, 상표권 등) 등이 재산권에 해당하는 권리이다. 단, 비록 경제적 가치를 내용으로 하고 있기는 하지만 신분이나 인격을 기초로 하는 권리는(예: 부양청구권, 재산분할청구권 등) 재산권으로 인정하지 않는다.

③ 신분권

신분권(identity rights)이란 특정 신분적 지위에서 발생하는 권리로서, 예를 들면 부부, 부모, 자녀, 친족, 후견인, 피후견인 등의 신분에 부착된 권리를 말한다. 대표적인 신분권으로는 친권, 호주권, 상속권, 부양청구권 등을 꼽을 수 있다. 신분권은 의무적 성격이 강한 권리여서 권리이면서 동시에 의무라고 여겨지는 경향이 짙다. 또한 신분권은 신분적 지위에 따른 권리이므로 인격권과 마찬가지로 타인에게 양도할 수 없는 권리이다.

④ 사원권

사원권(membership rights)은 단체의 구성원이라는 지위로부터 발생하는 권리로서 단체(사단법인)의 구성원이 그 단체에 대하여 가지는 여러 권리와 의무를 총칭하여 사원권이라고 한다. 사원권은 결의권이나 소수사원권 등의 공익권과 이익배당청구권이나 잔여재산분배청구권 등과 같은 사익권으로 다시 나뉘는데, 민법의 적용을 받는 비영리법인은 공익권의 적용을 받는 반면, 상법의 적용을 받는 회사에서는 사익권의 적용을 받는다.

2. 인권

인권(human rights)이란 어떤 권리인가? 용어가 의미하는 것 그대로 인권은 어떤 존재가 인간이라는 사실 그 자체에서 발생하는 권리이다. 그러므로 인권은 모든 인간이 권리 주체인 지극히 보편적이고 평등한 권리이다. 그리고 모든 인간이 권리 주체이므로 인권은 어떤 특정인에 대해서만 주장할 수 있는 상대적인 권리가 아니라 자신을 포함한 모든 인간에 대해서 주장할 수 있는 절대적인 권리이다. 즉, 인권은 모든 인간이 권리 주체이면서 동시에 권리 객체인 권리라는 것이다.

1) 인권의 실체

인권의 본질적 실체는 무엇인가? 저자는 우리가 살고 있는 지금 이 시대 인권의 실체는 지금으로부터 75년 전인 1948년 12월 10일에 국제연합(United Nations)이 제정한 '세계인권선언(Universal Declaration of Human Rights: UDHR)'에 가장 잘 나타나 있다고 생각한다. 세계인권선언문의 내용은 다음과 같다.

세계인권선언

전문

모든 인류 구성원의 천부의 존엄성과 동등하고 양도할 수 없는 권리를 인정하는 것이 세계의 자유, 정의 및 평화의 기초이며, 인권에 대한 무시와 경멸이 인류의 양심을 격분시키는 만행을 초래하였으며, 인간이 언론과 신앙의 자유, 그리고 공포와 결핍으로부터의 자유를 누릴 수 있는 세계의 도래가 모든 사람들의 지고한 열망으로서 천명되어 왔으며, 인간이 폭정과 억압에 대항하는 마지막 수단으로서 반란을 일으키도록 강요받지 않으려면 법에 의한 통치에 의하여 인권이 보호되어야 하는 것이 필수적이며, 국가 간에 우호관계의 발전을 증진하는 것이 필수적이며, 국제연합의 모든 사람들은 그 헌장에서 기본적 인권, 인간의 존엄과 가치, 그리고 남녀의 동등한 권리에 대한 신념을 재확인하였으며, 보다 폭넓은 자유 속에서 사회적 진보와 보다 나은 생활수준을 증진하기로 다짐하였고, 회원국들은 국제연합과 협력하여 인권과 기본적 자유의 보편적 존중과 준수를 증진할 것을 스스로 서약하였으며, 이러한 권리와 자유에 대한 공통의 이해가 이 서약의 완전한 이행을 위하여 가장 중요하므로, 이에 국제연합총회는, 모든 개인과 사회 각 기관이 이 선언을 항상 유념하면서 학습 및 교육을 통하여 이러한 권리와 자유에 대한 존중을 증진하기 위하여 노력하며, 국내적 그리고 국제적인 점진적 조치를 통하여 회원국 국민들 자신과 그 관할 영토의 국민들 사이에서 이러한 권리와 자유가 보편적이고 효과적으로 인식되고 준수되도록 노력하도록 하기 위하여, 모든 사람과 국가가 성취하여야 할 공통의 기준으로서 이 세계인권선언을 선포한다.

제1조

모든 인간은 태어날 때부터 자유로우며 그 존엄과 권리에 있어 동등하다. 인간은 천부적으로 이성과 양심을 부여받았으며 서로 형제애의 정신으로 행동하여야 한다.

제2조

모든 사람은 인종, 피부색, 성, 언어, 종교, 정치적 또는 기타의 견해, 민족적 또는 사회적 출신, 재산, 출생 또는 기타의 신분과 같은 어떠한 종류의 차별이 없이, 이 선언에 규정된 모든 권리와 자유를 향유할 자격이 있다. 더 나아가 개인이 속한 국가 또는 영토가 독립국, 신탁통치지역, 비자치지역이거나 또는 주권에 대한 여타의 제약을 받느냐에 관계없이, 그 국가 또는 영토의 정치적, 법적 또는 국제적 지위에 근거하여 차별이 있어서는 아니 된다.

제3조

모든 사람은 생명과 신체의 자유와 안전에 대한 권리를 가진다.

제4조

어느 누구도 노예상태 또는 예속상태에 놓이지 아니한다. 모든 형태의 노예제도와 노예매매는 금지된다.

제5조

어느 누구도 고문, 또는 잔혹하거나 비인도적이거나 굴욕적인 처우 또는 형벌을 받지 아니한다.

제6조

모든 사람은 어디에서나 법 앞에 인간으로서 인정받을 권리를 가진다.

제7조

모든 사람은 법 앞에 평등하며 어떠한 차별도 없이 법의 동등한 보호를 받을 권리를 가진다. 모든 사람은 이 선언에 위반되는 어떠한 차별과 그러한 차별의 선동으로부터 동등한 보호를 받을 권리를 가진다.

제8조

모든 사람은 헌법 또는 법률이 부여한 기본적 권리를 침해하는 행위에 대하여 권한 있는 국내법정에서 실효성 있는 구제를 받을 권리를 가진다.

제9조

어느 누구도 자의적으로 체포, 구금 또는 추방되지 아니한다.

제10조

모든 사람은 자신의 권리, 의무 그리고 자신에 대한 형사상 혐의에 대한 결정에 있어 독립적이며 공평한 법정에서 완전히 평등하게 공정하고 공개된 재판을 받을 권리를 가진다.

제11조

1. 모든 형사피의자는 자신의 변호에 필요한 모든 것이 보장된 공개 재판에서 법률에 따라 유죄로 입증될 때까지 무죄로 추정받을 권리를 가진다.
2. 어느 누구도 행위 시에 국내법 또는 국제법에 의하여 범죄를 구성하지 아니하는 작위 또는 부작위를 이유로 유죄로 되지 아니한다. 또한 범죄 행위 시에 적용될 수 있었던 형벌보다 무거운 형벌이 부과되지 아니한다.

제12조

어느 누구도 그의 사생활, 가정, 주거 또는 통신에 대하여 자의적인 간섭을 받거나 또는 그의 명예와 명성에 대한 비난을 받지 아니한다. 모든 사람은 이러한 간섭이나 비난에 대하여 법의 보호를 받을 권리를 가진다.

第13조

1. 모든 사람은 자국 내에서 이동 및 거주의 자유에 대한 권리를 가진다.
2. 모든 사람은 자국을 포함하여 어떠한 나라를 떠날 권리와 또한 자국으로 돌아올 권리를 가진다.

第14조

1. 모든 사람은 박해를 피하여 다른 나라에서 비호를 구하거나 비호를 받을 권리를 가진다.
2. 이러한 권리는 진실로 비정치적 범죄 또는 국제연합의 목적과 원칙에 위배되는 행위로 인하여 기소된 경우에는 주장될 수 없다.

第15조

1. 모든 사람은 국적을 가질 권리를 가진다.
2. 어느 누구도 자의적으로 자신의 국적을 박탈당하지 아니하며 자신의 국적을 변경할 권리가 부인되지 아니한다.

第16조

1. 성인 남녀는 인종, 국적 또는 종교에 따른 어떠한 제한도 없이 혼인하고 가정을 이룰 권리를 가진다. 그들은 혼인에 대하여, 혼인기간 중 그리고 혼인해소 시에 동등한 권리를 향유할 자격이 있다.
2. 혼인은 장래 배우자들의 자유롭고 완전한 동의하에서만 성립된다.
3. 가정은 사회의 자연적이고 기초적인 단위이며, 사회와 국가의 보호를 받을 권리가 있다.

第17조

1. 모든 사람은 단독으로뿐만 아니라 다른 사람과 공동으로 재산을 소유할 권리를 가진다.
2. 어느 누구도 자의적으로 자신의 재산을 박탈당하지 아니한다.

제18조

모든 사람은 사상, 양심 및 종교의 자유에 대한 권리를 가진다. 이러한 권리는 종교 또는 신념을 변경할 자유와, 단독으로 또는 다른 사람과 공동으로 그리고 공적으로 또는 사적으로 선교, 행사, 예배 및 의식에 의하여 자신의 종교나 신념을 표명하는 자유를 포함한다.

제19조

모든 사람은 의견의 자유와 표현의 자유에 대한 권리를 가진다. 이러한 권리는 간섭없이 의견을 가질 자유와 국경에 관계없이 어떠한 매체를 통해서도 정보와 사상을 추구하고, 얻으며, 전달하는 자유를 포함한다.

제20조

1. 모든 사람은 평화적인 집회 및 결사의 자유에 대한 권리를 가진다.
2. 어느 누구도 어떤 결사에 참여하도록 강요받지 아니한다.

제21조

1. 모든 사람은 직접 또는 자유로이 선출된 대표를 통하여 자국의 정부에 참여할 권리를 가진다.
2. 모든 사람은 자국에서 동등한 공무담임권을 가진다.
3. 국민의 의사가 정부 권능의 기반이다. 이러한 의사는 보통·평등 선거권에 따라 비밀 또는 그에 상당한 자유 투표절차에 의한 정기적이고 진정한 선거에 의하여 표현된다.

제22조

모든 사람은 사회의 일원으로서 사회보장을 받을 권리를 가지며, 국가적 노력과 국제적 협력을 통하여, 그리고 각 국가의 조직과 자원에 따라서 자신의 존엄과 인격의 자유로운 발전에 불가결한 경제적, 사회적 및 문화적 권리들을 실현할 권리를 가진다.

제23조

1. 모든 사람은 일, 직업의 자유로운 선택, 정당하고 유리한 노동 조건, 그리고 실업에 대한 보호의 권리를 가진다.
2. 모든 사람은 아무런 차별 없이 동일한 노동에 대하여 동등한 보수를 받을 권리를 가진다.

3. 노동을 하는 모든 사람은 자신과 가족에게 인간의 존엄에 부합하는 생존을 보장하며, 필요한 경우에 다른 사회보장방법으로 보충되는 정당하고 유리한 보수에 대한 권리를 가진다.
4. 모든 사람은 자신의 이익을 보호하기 위하여 노동조합을 결성하고, 가입할 권리를 가진다.

제24조

모든 사람은 노동시간의 합리적 제한과 정기적인 유급휴가를 포함하여 휴식과 여가의 권리를 가진다.

제25조

1. 모든 사람은 의식주, 의료 및 필요한 사회복지를 포함하여 자신과 가족의 건강과 안녕에 적합한 생활수준을 누릴 권리와, 실업, 질병, 장애, 배우자 사망, 노령 또는 기타 불가항력의 상황으로 인한 생계 결핍의 경우에 보장을 받을 권리를 가진다.
2. 어머니와 아동은 특별한 보호와 지원을 받을 권리를 가진다. 모든 아동은 적서에 관계없이 동일 사회적 보호를 누린다.

제26조

1. 모든 사람은 교육을 받을 권리를 가진다. 교육은 최소한 초등 및 기초단계에서는 무상이어야 한다. 초등교육은 의무적이어야 한다. 기술 및 직업교육은 일반적으로 접근이 가능하여야 하며, 고등교육은 모든 사람에게 실력에 근거하여 동등하게 접근 가능하여야 한다.
2. 교육은 인격의 완전한 발전과 인권과 기본적 자유에 대한 존중의 강화를 목표로 한다. 교육은 모든 국가, 인종 또는 종교 집단 간에 이해, 관용 및 우의를 증진하며, 평화의 유지를 위한 국제연합의 활동을 촉진하여야 한다.
3. 부모는 자녀에게 제공되는 교육의 종류를 선택할 우선권을 가진다.

제27조

1. 모든 사람은 공동체의 문화생활에 자유롭게 참여하며 예술을 향유하고 과학의 발전과 그 혜택을 공유할 권리를 가진다.
2. 모든 사람은 자신이 창작한 과학적, 문학적 또는 예술적 산물로부터 발생하는 정신

적, 물질적 이익을 보호받을 권리를 가진다.

제28조

모든 사람은 이 선언에 규정된 권리와 자유가 완전히 실현될 수 있도록 사회적, 국제적 질서에 대한 권리를 가진다.

제29조

1. 모든 사람은 그 안에서만 자신의 인격이 자유롭고 완전하게 발전할 수 있는 공동체에 대하여 의무를 가진다.
2. 모든 사람은 자신의 권리와 자유를 행사함에 있어, 다른 사람의 권리와 자유를 당연히 인정하고 존중하도록 하기 위한 목적과, 민주사회의 도덕, 공공질서 및 일반적 복리에 대한 정당한 필요에 부응하기 위한 목적을 위해서만 법에 따라 정하여진 제한을 받는다.
3. 이러한 권리와 자유는 어떠한 경우에도 국제연합의 목적과 원칙에 위배되어 행사되어서는 아니 된다.

제30조

이 선언의 어떠한 규정도 어떤 국가, 집단 또는 개인에게 이 선언에 규정된 어떠한 권리와 자유를 파괴하기 위한 활동에 가담하거나 또는 행위를 할 수 있는 권리가 있는 것으로 해석되어서는 아니 된다.

※ 원문은 [부록] 참조
출처: https://www.ohchr.org/en/human-rights/universal-declaration/translations/korean-hankuko

누가 저자에게 '세계인권선언문의 핵심이 무엇인가?'라고 물으면 다음의 세 가지를 핵심 내용으로 제시할 수 있다.

- 모든 인간은 태어날 때부터 그 존엄과 가치 그리고 권리에 있어서 동등하다는 것
- 모든 인간은 어떤 종류의 차별없이 평등하게 자유를 향유할 자격이 있다는 것
- 모든 인간은 어떤 종류의 차별없이 선언문에 명시된 권리를 누릴 자격과 의무를 다할 책임이 있다는 것

그리고 이 세 가지 핵심 내용을 바탕으로 인권의 실체를 다음과 같이 이해한다고 답한다.

- 인권은 인간의 존엄과 가치에 대한 인정과 보호를 실체로 하는 권리이다.
- 인권은, 모든 인간은 동등하게 존엄한 존재이며 인간 존엄을 실질적으로 보장하려면 모든 인간은 차별 없이 평등하게 자유를 누릴 수 있어야 하므로, 모든 인간은 인간 공동체에게 존엄, 자유, 평등을 실현하기 위해 노력할 것과, 존엄, 자유, 평등을 위협하는 모든 것으로부터 인간을 보호할 것을 요구하고 행사할 수 있는 정당한 자격과 법에 의해 (또는 인간 양심과 도덕에 의해) 인정된 힘이 있음을 천명한 것이다.

인류가 모든 인간이 동등한 존엄성과 가치를 가진 존재로 인정되어야 한다는 생각을 단순히 가슴 속에 품는 것에서 그치지 아니하고 모든 인간으로 하여금 서로를 '동등한 존엄성과 가치를 가진 존재'라는 격에 맞게 대우하도록 만들기까지는 (또는 그렇게 하는 것이 옳고 정당하다는 것을 인정하고 그러한 사실을 법에 명시하기까지) 매우 오랜 시간이 걸렸다.

무엇을 출발점으로 볼 것인가에 따라 다르겠지만, 상징적인 의미에서 1215년에 영국에서 인권대헌장인 마그나카르타(Magna Carta)가 제정된 것을 그 시작점으로 보더라도 인권이 특정 국가의 국민이 누리는 몇 가지 권리가 아니라 전 세계 모든 인류가 누려 마땅한 광범위한 권리들을 포괄하는 권리로 1948년 UN에 의해 선언되기까지는 무려 700년 이상의 시간이 걸렸다. 그리고 그로부터 75년이 지난 지금도 인류는 인권이 전 세계적으로 실현되고 보호받게 하기 위해 아직도 고군분투하고 있으므로 아무래도 완전한 인권 실현까지는 (다시 말하면 세계인권선언문에 명시된 인간의 권리만이라도 전 세계적으로 실현되기까지) 이제까지 걸린 시간보다 더 많은 시간이 걸릴 것 같다는 생각을 하게 된다.

UN은 1948년 세계인권선언을 제정한 후, 세계인권선언이 국제사회가 어떤 사안에 대한 공감의 뜻으로 발표한 단순한 도덕적 선언이 되지 않도록 실질적 효력을 갖는 「국제인권법」을 마련하기 위한 부단한 노력을 펼쳤다. 그 결과, 1966년 국제연합에 의해 법적 구속력을 갖는 두 가지 국제조약인 「경제적·사회적·문화적 권리에 관한 국제규약(A규약, 사회권규약)」과 「시민적·정치적 권리에 관한 국제규약(B규약, 자유권 규약)」이 제정되어 1976년부터 발효하게 되었다. 한국은 지난 1990년에 비로소 이 두 조약에 가입하였는데 현재 한국에서 이 두 조약은 국내법 중 법률에 해당하는 법적 효력을 갖는다.

2) 인권 개념의 발달 과정

인권의 범위는, 논의의 구체성을 높이기 위해 그 범위를 세계인권선언에 명시된 인간 권리로 한정하더라도, 매우 오랜 세월에 걸쳐 점진적으로 그러나 끊임없이 확대되어 왔다. 인권의 범위가 '확대되어 왔다'는 말은 인권이 인간에 의해 만들어진, 또는 합의된 권리이며 인간이 그 '만들어진 권리'를 모든 인간이 권리로 인정하게 하기 위해 끊임없는 노력을 펼쳐 왔고, 그 결과로서 인류는 오늘날의 인권 개념에 해당하는 권리들을 통틀어 인권으로 누릴 수 있게 되었다는 것을 뜻한다.

그런데 이 말을 이해하는 데 한 가지 주의해야 할 것이 있다. 인간이 인권의 범위를 확대해 왔다는 말을 인권이 자연권과는 거리가 먼 성격의 권리라는 말로 잘못 이해해서는 안 된다. 결론부터 말하자면 인권은 인간이 인간으로서 존재하는 사실 그 자체에서 자연적으로 발생하는 자연권이며, 법이나 제도나 이데올로기 같은 인간의 경험보다 앞선 선험적 권리이고, 인간이 만든 실정법에(positive law) 의해 인정된 권리이다.

인권은 자연적 권리이고, 선험적 권리이며, 법적 권리이다.

그런데 이 말의 의미를 이해할 때 또 한 가지 주의해야 할 것이 있다. 어쩌면 독자들 중 누군가는 "지금 우리가 누려 마땅하다고 인정하는 권리들 중에서 과거에는 권리로 인정되지 않거나 특정 부류 사람들만의 권리로 인정되었던 권리들이 있는데,

만일 인권이 인간이 태어나면서부터 자연스럽게 주어지는 자연권이라면 왜 과거에는 그런 일이 가능했는가?"라는 질문을 던질지도 모른다. 즉, 사람들은 인권이 법적 권리라는 것에는 동의하지만 (앞서 권리 개념 부분에서 설명했듯이 권리가 실현되려면 법에 의한 인정이 있어야만 하므로 인권이 법적 권리라는 것에 대해서는 모든 사람이 쉽게 동의한다.) 인권이 선험적인 권리이고 자연적인 권리라는 것에 대해서 쉽게 동의하지 않는 경향이 있다는 것이다.

단적인 예로, 누군가가 "극소수의 사회구성원에게만 신분에 근거하여 허락되고 절대다수의 사회구성원들은 생각조차 할 수 없었던 '자유로울 수 있는 권리'가 과연 선험적 권리이고 자연적인 권리인가?"라고 반문한다고 가정해 보자. 그런가 하면 누군가는 "자연법사상을 계승한 사상가들은 인권을 보편적(절대적)인 권리일 뿐만 아니라 천부적이고, 항구적이며, 불가침적인 성격의 권리로[2] 보는데, 그렇다면 왕과 귀족에게 자연스럽게 부여된 권리를 침범하거나 부정하는 것이 어떻게 정당화될 수 있는가?"라고 물을 수도 있을 것이다.

- **인권의 보편성**: 모든 인간이 누려 마땅한 권리
- **인권의 천부성**: 태어날 때부터 인간에게 부여된 권리
- **인권의 항구성**: 누구에 의해서도 박탈당하지 않고 영구히 보장되는 권리
- **인권의 불가침성**: 누구도 침범할 수 없는 권리

이러한 반론와 주장에 대한 저자의 반론은 (엄밀히 말하면 저자 이전의 수많은 사상가의 생각을 통해 저자가 깨달은) 다음과 같이 지극히 간단명료하다.

---

2) 한국민족문화대백과사전, https://encykorea.aks.ac.kr/Article/E0046847

> 현재 우리가 인권으로 인정하는 모든 권리는 모든 인간이 누려 마땅한 보편적인 권리이다. 인권 중 어떤 권리가 과거에 특정인만이 누릴 수 있는 권리로 여겨졌던 것은 그러한 권리가 보편적인 권리가 아니어서가 아니라, 그 당시 우리 인간은 인정하여 마땅한 인권의 보편성을 인정할 수 있을 만큼 또는 모든 인간이 동등한 존엄과 가치를 지닌 인간이라는 사실을 인정할 수 있을 만큼 이성적이지도, 양심적이지도 그리고 도덕적이지도 않았기 때문이다.

오늘날 우리가 인권으로 당연시하는 모든 권리는 UN이 세계인권선언을 제정했기 때문에 '인간이 누려 마땅한 권리'의 자격을 얻게 된 것이 결코 아니다. 그 모든 권리들은 언제나 그리고 어디서나 보편적인 권리였으나, 우리가 그 보편성을 인정하지 않았을 뿐이다. 인권 발달의 역사는 '부정되었던 인권의 보편성'을 우리 인간 공동체가 더디게나마 조금씩 인정해 온 과정임과 동시에 선험적 권리이면서 자연적인 권리인 인권을 그것에서 한 걸음 더 나아간 법적인 권리로 만들어 온 역사인 것이다. 세계인권선언이 인권 발달의 역사 속에서 갖는 중요한 의미는 세계인권선언의 제정이 단순히 발전한 인간의 이성과 양심과 도덕성을 선언하는 것에서 그치는 것이 아니라 전 세계의 인간 공동체로 하여금 인권의 보편성과 포괄성과 1차적으로는 국제법으로 그리고 2차적으로는 각 UN 회원국의 자국법으로 인정할 것을 요구했다는 데에 있다.

영국의 사회학자 Thomas H. Marshall은 1950년에 출판된 논문집 『Citizenship and Social Class』를 통해서 지난 19세기까지의 인간 역사를 인권의 발달이라는 관점에서 바라보는 시민권론(citizenship theory)을 소개하였다(Marshall & Bottomore, 1992). Marshall은 시민권(citizenship)이 자유적 요소(civil element), 정치적 요소(political element), 사회적 요소(social element)라는 세 가지 요소로 이루어져 있으며 인류가 18세기까지 자유적 요소를 자유권(civil right)으로, 19세기까지 정치적 요소를 정치권(political right)으로 그리고 20세기까지 사회적 요소를 사회권(social right)으로 발전시킴으로서 시민권을 법적인 권리로 발전시켜 왔다고 주장하였다.

Marshall이 자유권, 정치권, 사회권을 시민권의 구성 요소로 본 이유는 절대로 그가 인간의 기본적인 권리의 범위를 이 세 가지 권리로 한정지어 이해했기 때문이 아니다. 앞서 살펴본 바와 같이 Marshall이 시민권론을 소개한 시점인 1950년보다 (사실 Marshall은 이미 1949년에 강의를 통해 시민권론을 소개하였다.) 2년 앞선 1948년에 국제연합은 이미 세계인권선언을 통해 인권을 자유권, 정치권, 사회권보다 훨씬 다양한 권리들을 포함하는 광범위한 개념의 권리로 정의하였다. Marshall이 자유권, 정치권, 사회권을 시민권의 구성 요소로 본 이유는 그가 이 세 가지 권리를 인권 중에서도 특별한 중요성을 갖는 권리로 보았기 때문이었던 것 같다. 그리고 Marshall이 인권이라는 용어 대신 시민권이라는 용어를 사용한 이유는 그가 다음의 두 가지 것을 강조하기 위해서였다고 저자는 생각한다.

- 인권은 문명화된 시민사회(civilized society)라면 마땅히 그 사회의 구성원인 시민을 위해 실현하고 보호해야 할 의무가 있는 시민의 권리이다.
- 시민권은 자유권과 정치권과 더불어 시민권의 사회적 요소인 사회권이 인정될 때 비로소 완성된다.

(1) 시민권론

그럼 이제 Marshall이 말하는 시민권이 민권, 정치권, 사회권으로 확대되는 역사 과정을 살펴봄으로써 인권 개념이 역사적으로 어떻게 발달해 왔는지 간략하게 이해해 보기로 하자.[3]

① 민권

Marshall이 말하는 민권(civil right)[4] 개념을 이해하기 위해서는 먼저 자유 개념에 대한 이해가 필요하다. 모든 인간은 자유로울 권리가 있다. 그런데 인간이 자유롭다

---

3) 인권 발달사를 한 눈에 볼 수 있는 매우 유용한 시각적 자료가 다음 두 기관의 홈페이지에 게시되어 있다. 행정안전부 국가기록원 홈페이지(https://theme.archives.go.kr/next/koreaOfRecord/humanRightsProtection.do)와 중앙선거관리위원회(https://www.nec.go.kr/site/nec/ex/bbs/View.do?cbIdx=1147&bcIdx=17020)이다. 아울러 한국의 인권 발전사에 관한 자세한 논의를 원하는 독자들은 국가인권위원회(2020)의 「대한민국 인권 근현대사」를 국가인권위원회 홈페이지에서 다운받아 읽어 볼 것을 권한다.

4) 저자는 이 책에서 'civil right'를 민권으로 번역하지만 다른 연구자들은 자유권, 공민권, 자유권적 기본권 등으로 번역하기도 한다.

는 것은 무엇을 의미하는가? 인간이 자유롭다는 것은 두 경우 중 어느 하나 또는 두 경우 모두를 의미한다고 볼 수 있는데 Isaiah Berlin은 이 두 경우 중 전자를 소극적 자유(negative freedom), 후자를 적극적 자유(positive freedom)라고 불렀다(Berlin, 1969).

- **소극적 자유**: 자신이 원하지 않는 무엇으로부터 자유롭다.
- **적극적 자유**: 자신이 원하는 것을 자유롭게 할 수 있다.

자신의 자유의지에 따라 스스로를 누구 또는 무엇의 지배하에 두는 경우가 아니라면 인간은 당연히 어떠한 강제적 지배나 억압으로부터도 벗어나기를 원한다. 소극적 자유란 바로 이러한 자유, 즉 자신이 원하지 않는 강제, 지배, 구속, 억압 등으로부터 벗어나는 자유를 말한다. 이에 비해 적극적 자유는 자신이 원하는 것을 적극적으로 나서서 할 수 있는 자유이다. 예를 들면, 원하는 곳에서 원하는 삶을 살 자유, 원하는 종교를 가질 자유, 원하는 배우자를 선택할 자유 등의 자유가 바로 적극적 자유인 것이다.

이러한 두 가지 자유를 실현하려면 우리 인간은 신분제에서 벗어나 자신의 능력에 따라 살아 갈 권리, 자신을 위해 일할 권리, 재산을 소유할 수 있는 권리, 개인 간에 계약을 체결할 수 있는 권리, 결사의 권리, 법에 의해서 평등하게 지배받을 권리 등의 권리를 필요로 한다. Marshall이 말하는 민권은 자유 실현을 위해 필요한, 이러한 기본적인 자유권들을 통틀어 일컫는 개념이다.[5)]

Marshall은 이러한 민권이 (서구 유럽 사회의 경우) 영국의 청교도 혁명과 명예혁명, 중상주의, 미국의 독립혁명, 프랑스 대혁명 등을 거치면서 발달하였으며, 인류 역사가 18세기에 접어들면서 비로소 권리로 인정되기 시작했다고 보고 있다. 민권 중에서도 특히 사유재산권, 계약체결권 그리고 법적 평등권은 근대 시민사회와 자본주의의 태동에 절대적으로 기여한 권리라고 할 수 있다. 15세기 중반부터 중상주의 시대

5) 저자는 'Civil right'를 '자유권' 또는 '기본권적 자유권'으로 번역하는 이유는 민권이 이처럼 자유 실현을 위해 필요한 권리임을 강조하기 위해서가 아닌가라고 생각한다.

가 시작되면서 유럽의 지배계층은 (절대군주와 귀족) 생산과 상업 부문을 담당하면서 국부 축적에 기여할 새로운 주체, 즉 부르주아의 역할을 필요로 하게 되었다. 그러다가 시간이 지나면서 그들이 사회·경제적 영향력이 점점 더 커지자 지배계층은 그들의 요구를 받아들여 사유재산권, 계약체결권 등의 재산권적 자유권을 인정할 수밖에 없게 되었다. 그리고 그러한 변화는 자본 축적과 부르주아 계층의 본격적인 성장으로 이어졌으며 결국에는 자본주의의 시대를 열게 된 것이다.

그런가 하면 유럽 사회의 다른 한편에서는 재산권적 자유권 외의 또 다른 자유에 대한 열망이 신분이 아닌 법에 의한 지배가 필요하다는 생각으로 16세기 말부터 서서히 표출되기 시작하였다. 그러한 생각은 절대주의에 맞서 인간의 자유와 평등을 부르짖었던 17, 18세기 계몽사상에 의해 뒷받침되다가 유럽과 미국에서 발생한 여러 차례의 부르주아 혁명(시민혁명)을 거쳐 법치주의(rule of law)로 이어졌다. 그리고 모든 인간이 법 앞에 평등하다는 법적 평등권의 인정으로 이어졌으며 더 나아가서는 법치주의와 함께 근대 시민사회의 근간을 이루는 민주주의로까지 발전하게 되었다.

② 정치권

정치권(political right)은 자유롭게 정치에 참여할 수 있는 권리로서 종종 참정권이라고 불리기도 한다.[6] 개인이 정치에 참여하는 방식에는 두 가지가 있는데, 하나는 개인 스스로가 정치적 권위를 인정받은 기관 또는 기구의 구성원이 되어 정치에 직접 참여하는 방식이고, 다른 하나는 자신이 원하는 사람 중에서 그러한 정치 기관 또는 기구의 구성원이 될 대표자를 선출하여 그 사람으로 하여금 자신의 정치적 의사를 대변하게 하는 간접 방식이다. 예를 들면, 자신이 공직자 또는 의회의 구성원이 되어 정치에 참여하는 것이 전자 방식이고 후자 방식은 유권자로서의 역할을 통해 정치 과정에 참여하는 것이다.[7]

---

6) 많은 연구자가 '정치 참여'라는 의미를 강조하기 위해서 'political right'를 '참정권'으로 번역하는데, 저자는 그렇게 번역하는 것에 아무런 무리가 없다고 생각한다. 다만 저자는 가능하면 원어를 쓰여 있는 그대로 번역하는 것을 선호하기 때문에 'political right'를 정치권으로 번역하겠다.

7) 전자를 직접 또는 순수 민주주의라 하고, 후자를 간접 또는 대의 민주주의라고 한다.

Marshall은 이 두 가지 방식 중 후자 방식에 주안점을 두고 정치권을 투표권과 (암묵적으로) 동일시하였다. Marshall이 이 두 권리를 동일 권리로 본 이유는 개인이 정치에 직접 참여할 권리를 정치권에서 배제하기 위해서가 아니라 정치에 직접 참여할 권리가 사실은 투표권이 인정될 때만 실현될 수 있는 권리이기 때문에 넓은 시각에서 볼 때 직접 참여권을 투표권에 포함되는 권리로 보았기 때문이라고 저자는 생각한다.

민권이 인정됨으로써 법에 의한 지배는 가능해졌으나 법을 만드는 과정에 참여할 수 있는 자격이 특정 사회구성원에게만 주어진다면 법치는 신분제하에서 지배층이 가졌던 독점적 권력을 합법화하는 수단에 불과한 것이 되어 버린다. Marshall은 이러한 불완전한 법치를 '누구도 자신의 노력만으로는 결코 구성원이 될 수 없는 폐쇄적인 집단에 의한 독재'라고 불렀다.

법치와 법 앞의 평등권이 실질적인 효력을 가지려면 소수가 아니라 모든 사회구성원이 정치에 참여하여 폐쇄적 집단독재를 막게 할 수 있는 방법이 필요했고, 그에 대한 답으로서 1인 1표의 보편적 투표권 인정을 요구하는 목소리가 19세기로 접어들면서 점차 커지기 시작했다. Marshall은 이를 가리켜 민권, 즉 경제적 자유권과 법 앞의 평등권 안에 이미 정치적 평등이라고 하는 더 큰 평등을 향해 나아가려는 동력(drive)이 내재되어 있었다고 표현하였다.

이러한 정치적 평등에 대한 요구는 특히 사회구성원 중 절대다수를 차지했음에도 불구하고 초기 자본주의의 주된 착취 대상이었던 노동자 계층에서 정치 투쟁의 형태로 강하게 표출되었다. Marshall은 민권이 부르주아 시민혁명을 통해 획득된 권리라면 정치권은 노동자 계층과 여성의 끊임없는 정치 투쟁을 통해 획득된 권리라고 보았다. Marshall은 또한 이러한 정치 투쟁이 18세기 말이 되어서야 비로소 투표권 인정 범위가 남성 부르주아 계급에서 확대되는 (그러나 모든 사회구성원으로까지는 아닌) 결과를 거두기 시작했고 19세기 말까지 지속되었다고 주장하였다.

〈표 4-3〉 주요국가의 투표권 인정 시기

국가	남성 투표권 인정 연도(A)	여성 투표권 인정 연도(B)	B-A
프랑스	1848	1944	96
미국	1870	1920(1966*)	50(96)
영국	1918	1928	10
대한민국	1948	1948	0

* 미국 모든 주에서 아프리카계 미국인의 투표권이 인정된 연도.
출처: 중앙선거관리위원회, https://www.nec.go.kr/site/nec/ex/bbs/View.do?cbIdx=1147&bcIdx=17020

사실 보편적 투표권을 위한 정치 투쟁은 대부분의 국가에서 20세기에도 계속되었다. 〈표 4-3〉에 제시된 바와 같이 이미 16세기 말부터 유럽 사회의 시민혁명을 이끌어 왔던 영국과 프랑스에서조차도 정치권은 20세기 초반이 되어서야 비로소 성별 차이에 따른 차별 없이 모든 국민에게 부여되었고 대부분의 국가에서는 20세기 중반이 되어서야 정치권이 보편적 권리로 인정받게 되었다. 물론 지구상의 어떤 국가들에서는 심지어 오늘날에도 정치권을 기본적인 인권으로 만들기 위한 투쟁적 노력이 계속되고 있다.

모든 사회구성원에게 정치권이 인정된다는 것은 두 가지 중요한 의미를 갖는다. 첫째, 보편적 투표권이 인정됨으로 인해 실질적 의미의 법치가 가능해진다는 것이다. 민권의 인정은 필연적으로 정치권의 인정을 이끌어 내게 되는데, 이는 앞서 설명한 바와 같이 정치권이 인정되어야만 실질적인 의미의 민권 실현이 가능해지기 때문이다. 즉, 인권은 필연적으로 민권을 거쳐 정치권으로 진화한다는 것이다. 그런데 정치권은 민권이 보장되어야만 보호될 수 있다. 자유롭게 정치에 참여할 수 있는 권리인 정치권 또한 자유권, 즉 정치적 자유권이기 때문이다. 이처럼 민권과 정치권은, 발달 순서상으로는 민권이 정치권보다 먼저인 권리이지만, 일단 두 권리가 기본적 인권으로 인정되고 나면 서로가 서로의 실현과 보호를 필요로 하는 관계를 가지고 있다.

둘째, 보편적 투표권의 인정은 정치적 의사결정이 민주주의 원칙에 입각하여 이루어지게 됨을 의미하는데, 이는 다름 아닌 민주주의의 시작을 의미한다. 보편적 정치권이 인정되면 남성과 부르주아 계층과 여성과 노동자 계층 모두가 정치에 참여할 수 있는 정당한 기회를 (지금 시각에서 보면 너무도 당연한) 공유할 수 있게 된다. 그리고 사회구성원 모두가 정치에 참여하게 되면 공직자나 대표자 선출을 포함한 모든 의사결정에서 다수의 의견에 따른 지배라고 하는 민주주의의 기본 운영 원칙이 작동될 수 있게 된다. 이러한 관점에서 Marshall은 인권의 범위가 민권에 이어서 정치권으로까지 확대 진화한 것이 인간 사회가 신분적 권위를 가진 소수에 의해 지배되던 절대주의 사회에 머물지 아니하고 법에 근거하여 다수에 의해 지배되는 민주적 근대 시민사회로 발전할 수 있었던 원동력으로 보았다.

③ 사회권

앞서 인권 개념을 설명하면서 언급했듯이 인권은 그 목적이 인간이 인간으로서의 존엄과 가치를 유지하면서 살 수 있게 하는 것이다. 따라서 민권과 정치권은 분명한 인권이다. 그런데 인간이 인간으로서의 존엄과 가치를 유지하면서 살 수 있으려면 민권과 정치권의 보장만으로 부족한 부분이 (뒤에서 설명하겠지만) 있다. 사회권(social right)은 바로 이러한 한계에 대한 인식으로부터 싹트기 시작한 권리 개념으로서 민권과 정치권 외에 (이 두 가지 권리와 사회권이 상호배타적 관계에 있다는 의미는 결코 아니다.) 인간으로서 최소한의 존엄과 가치를 유지하는 데 필요한 다양한 권리를 통틀어 의미하는 권리이다.

Marshall은 모든 사회구성원은 자신이 속한 사회 공동체가 생산해 낸 사회적 유산과 이익을 충분히 공유하고 그 사회의 보편적 기준에 따라 문명화된 삶을 영위할 수 있을 때 그 사회의 '완전한 구성원'이 된다고 보았으며, 그러한 완전한 구성원에게 부여되는 자격이 바로 시민권이라고 주장하였다. 시민권은 민권, 정치권에 이어서 사회권까지 인정될 때 비로소 완전한 시민적 권리, 즉 인간 공동체의 완전한 구성원이 누릴 수 있는 권리가 된다. 즉 사회권은 민권, 정치권과 더불어 시민권을 완성하는 데 필수적인 요소인 것이다.

민권이 정치권에 의해 보완되지 않으면 실질적 권리가 되기 어려운 것처럼 민권과 정치권은 사회권에 의해 보완될 때 비로소 실질적 권리가 될 수 있다. 물론 그와 정반대로 사회권은 민권과 정치권 중 어느 하나라도 인정되지 않는 사회에서는 생각하기 어려운 권리이다. 즉, 시민권의 세 가지 요소들은 서로가 서로의 인정, 실현 그리고 한계 극복을 위해 서로를 필요로 하는 상호의존적 관계를 가지고 있다.

만일 공동체의 구성원 중 누군가에게 이 세 가지 요소 중 어느 한 권리라도 보장되지 않는다면 그 구성원은 다른 구성원들과 동등하게 '공동체의 완전한 일원'으로서의 지위를 누릴 수 없게 되는 것이다. 그렇기 때문에 Marshall은 문명화된 시민사회의 구성원 모두는 어떤 구성원의 삶도 문명화된 인간 공동체의 완전한 시민이 누려 마땅한 수준의 삶에서 멀어지지 않게 해야 할 시민으로서의 의무를 권리와 함께 갖는다는 점을 강조하였다.

Marshall은 사회권이 18세기의 획득된 민권과 19세기에 획득된 정치권의 토대 위에서 19세기 말부터 20세기 전 기간에 걸쳐 만들어진 다양한 사회 제도를 통해 실현되었다고 주장하면서 대표적인 제도로서 교육제도와 사회보장제도를 꼽는다(〈표 4-4〉 참조). 교육제도는 모든 사회구성원에게 자신의 역량을 계발할 수 있는 기회를 제공하는 목적을 가진 제도이다. 경제적 자유를 누릴 수 있는 민권과 정치적 자유와 평등을 누릴 수 있는 정치권이 보장되더라도 사회구성원 모두에게 각자가 가진 재능과 역량을 계발할 수 있는 기회가 주어지지 않는다면 사회구성원 중 (적어도) 일부는 공동체의 발전에 기여하는 것은 고사하고 각자 자신이 원하는 생활을 하는 데 필요한 최소한의 경제력조차 확보하기 힘든 상황에 처하게 될 수 있다.

〈표 4-4〉 시민권 및 국가 발전 단계

시기	권리	관련 사회제도	국가 유형
18C	민권(Civil Right) 자유권, 법치	생산제도, 시장, 사법제도	발전국가 (Developmental State)
19C	정치권(Political Right) 참정권, 투표권	의회제도, 국가기구	민주국가 (Decomcratic State)
20C	사회권(Social Right) 사회보장권, 교육권	사회보장제도, 교육제도	복지국가 (Welfare State)

출처: Marshall (1965), 김태성, 성경륭(1993), 김형식 편(1997)의 내용을 바탕으로 저자가 구성함.

자본주의 경제에서 그러한 상황에 처한 사회구성원은 인간으로서의 존엄과 가치를 유지할 수 있는 삶을 영위하기가 매우 어렵다. 모든 사회구성원에게 소득이나 재산의 많고 적음에 구애받지 아니하고 자신이 원하는 교육을 충분히 받을 수 있는 동등한 기회를 (특히 공교육 기회) 제공하는 것이 (그리고 그것을 가능하게 하는 교육제도가) 사회권 실현을 위한 필수 요건으로 꼽히는 이유는 바로 이 때문이다.

그런가 하면 사회보험, 공공부조, 사회서비스를 주축으로 하는 사회보장제도의 도입 및 발전 역시 사회권을 실현하는 데 더없이 중요한 요건이 아닐 수 없다. 스웨덴의 사회학자 Gøsta Esping-Anderson의 표현을 빌려 결론부터 말하면, 사회보장제도는 자본주의 사회에서의 노동의 상품화(commodification of labor)로 인해 인간으로서의 존엄과 가치를 유지하기 어려워진 사회구성원들의 삶을 노동 탈상품화(decommodification of labor)를 통해 최소한의 인간 존엄과 가치를 유지할 수 있는 삶으로 되돌림으로써 사회권을 보장하기 위한 제도이다(Esping-Anderson, 1990).

민권과 정치권에 해당하는 권리들 중 어떤 권리는 그것이 실현이 경합적이지도 않고 비용을 발생시키지도 않는다. 정치 영역의 권리들이 주로 그러한데, 예를 들면 사회구성원 모두에게 투표권을 부여할 때 내가 유권자로서 1표를 행사할 수 있게 되는 것은 나 아닌 다른 사회구성원이 1표를 행사할 수 있는 유권자가 되는 데 아무런 영향을 미치지 않는다. 그리고 몇 명에게 투표권을 부여하든 비용이 (적어도 가시적인 비용은) 전혀 발생하지 않기 때문에 보편적 투표권을 인정하지 않을 이유는 비용 측면만을 놓고 보자면 존재하지 않는다.

그런데 경제 영역에 해당하는 권리들 중에는 그렇지 않은 권리가 있다. 자유로운 경제 행위를 통해 부와 재산을 축적하고 소유할 수 있는 권리는 모든 사람에게 부여된 권리이지만 한정된 자원이라는 제약하에서 자유로운 경쟁을 벌인 결과, 누군가가 그 사회에서 생산해 낸 가치 중 더 많은 양을 가져가게 되면 누군가는 그만큼의 가치를 덜 가져갈 수밖에 없는 상황이 발생한다. 경제적 자유권 그 자체가 경합적인 것은 아니지만 경제적 자유권의 실현과 보호는 이처럼 필연적으로 빈곤과 불평등이라는 결과를 초래한다.

빈곤과 불평등은 누군가의 삶을 인간으로서 최소한의 존엄과 가치를 유지할 수 있는 수준보다도 낮은 수준으로 끌어내리는 결과를 초래한다. 실제로 자본주의가 시작된 후 오늘날까지 빈곤과 불평등은 늘 존재해 왔고 항상 사회구성원 중 누군가의 삶을 그렇게 만들어 왔다. 그리고 사실 그것이 자본주의가 오늘날까지 지속될 수 있었던 이유라고 저자는 생각한다.

18세기와 19세기를 거치면서 경제적 자유권과 보편적 정치권이 인간의 기본적 권리로 인정되었음에도 불구하고 여전히 많은 사람이 빈곤하고 불평등한 (소득, 재산뿐 아니라 다른 많은 것에 있어서) 삶을 살아가야만 하였다. 이처럼 인간으로서의 존엄과 가치가 훼손된 삶이 지속되는 것을 목격하면서 인류는 어떤 사회구성원의 삶도 문명화된 인간 공동체의 완전한 시민이 누려 마땅한 수준의 삶에서 멀어지지 않게 하려면 교육과 더불어 또 다른 수단적 제도가 더 필요하다는 사실을 깨닫게 되었고, 그 결과 19세기 말부터 사회보장제도를 만들기 시작하였다.

사회보장제도는 한마디로 말해서 경제적 시장을 통해 이루어진 1차 분배의 결과를 사회적 시장에서의 2차 분배 또는 재분배를 통해 수정하기 위한 목적으로 만들어진 제도이다. 그렇기 때문에 사회보장제도를 구성하는 모든 사회보험, 공공부조, 사회서비스에는 소득과 건강을 보장하기 위한 제도 부분과 재분배를 목적으로 하는 제도 부분이 항상 공존한다. 그런가 하면 사회보장제도는 1차 분배의 결과를 수정하는 소극적 목적뿐만 아니라 경제적 시장에 대한 개입을 통해 전체 사회의 관점에서 볼 때 바람직하다고 생각되는 어떤 가치를 실현하는 적극적인 목적도 가지도 있다. 물론 사회보장제도의 범위를 어디까지로 보는지에 따라서 이 목적을 사회보장제도의 목적으로 볼 수 있는지에 대한 의견은 다를 수 있다.

어떤 연구자들은 (주로 경제학자들) 사회보장제도의 적극적 목적에 주안점을 두고 사회보장제도를 완벽하지 않은 시장을 위한 필요 악(necessary evil)이라고 표현하기도 한다. 왜 필요하지만 바람직하지 않다는 것인가? 왜냐하면 사회보장제도의 두 가지 목적이 경제적 자유권을 훼손할 수 있다고 보기 때문이다. 간단히 말하면 (이 책의 앞부분에서 Nozick의 정의관을 설명하면서 언급했던 바와 같이) 누군가가 어떤 사람이 정당한 과정을 통해 얻은 것 중 일부 또는 전부를 그것에 대해 정당한 소유권을 갖지 않은 누군가에게로 재분배하는 것은 명백한 자유권 침해라는 주장이다. 사회보장제도와 경제적 자유권 간의 관계를 상충 관계로 볼 것인지 상호보완 관계로 볼 것인지는 연구자마다 다를 수 있지만, 국민의 복지증진을 존재 목적으로 받아들이고 있는 대부분의 일반적인 복지국가에서는 후자의 관점이 더 설득력 있는 주장으로 받아들여지고 있다고 저자는 생각한다.

앞에서 살펴본 바와 같이 Marshall은 인권의 범위가 이처럼 18세기부터 20세기까지 3세기에 걸쳐 민권에서 정치권으로, 정치권에서 사회권으로 진화하면서 발전해 왔으며 그러한 과정을 통해 인권으로서의 시민적 권리가 완성되었다고 보았다. 다시 강조하건대 인권은 민권과 정치권과 사회권으로 한정되는 권리가 아니다. 인류 역사 속에서 발생·진화·발전을 거치면서 인권으로 인정받게 된 권리는 민권, 정치권, 사회권 외에도 여러 가지가 있다. 예를 들면, 세계인권선언에 명시된 인간의 기본적 권리와 자유만 보더라도 그 종류가 〈표 4-5〉에 제시된 바와 같이 무려 35개에 달한다. 그런가 하면 현행 「대한민국헌법」은 〈표 4-5〉와 같은 권리를 국민의 기본적 권리로 명시하고 있다. 물론 인권의 범위는 세계인권선언 제정 이후에도 부단히 확대되고 있다.

〈표 4-5〉 세계인권선언에 명시된 인간의 기본적 권리와 자유

세계인권선언에 명시된 인간의 기본적 권리와 자유	
1. 자유롭고 안전할 권리	21. 사회보장을 받을 권리
2. 법에 의해 인간으로서 인정받을 권리	22. 자신의 존엄과 인격의 자유로운 발전에 불가결한 경제사회문화적 권리들을 실현할 권리
3. 법의 동등한 보호를 받을 권리	23. 직업의 자유로운 선택 및 실업에 대해 보호받을 권리
4. 차별과 차별의 선동으로부터 동등한 보호를 받을 권리	24. 동일 노동에 대하여 동등한 보수를 받을 권리
5. 기본적 권리 침해 행위에 대해서 실효성 있는 법적 구제를 받을 권리	25. 필요한 경우 사회보장방법으로 보충되는 보수를 받을 권리
6. 법정에서 공개된 재판을 받을 권리	26. 노동조합을 결정 및 가입할 수 있는 권리
7. 법률에 따라 유죄로 입증될 때까지 무죄로 추정받을 권리	27. 노동시간의 합리적 제한과 유급휴가를 포함한 휴식과 여가의 권리
8. 사생활에 대한 간섭이나 비난에 대하여 법의 보호를 받을 권리	

9. 자유롭게 이동 및 거주할 권리	28. 자신과 가족의 건강과 안녕에 적합한 생활 수준을 누릴 권리
10. 어떤 나라로 떠나거나 자국으로 돌아올 권리	29. 불가항력으로 인한 생계 결핍의 경우 보장을 받을 권리
11. 박해를 피해 다른 나라에서 비호를 구하거나 받을 권리	30. 어머니와 아동이 특별한 보호와 지원을 받을 권리
12. 국적을 가질 권리, 국적을 박탈당하지 않을 권리	31. 교육을 받을 권리
13. 국적 변경이 부인되지 않을 권리	32. 부모가 자녀에게 제공되는 교육의 종류를 부모가 우선 선택할 권리
14. 어떠한 제한 없이 혼인하고 가정을 이룰 권리	33. 문화생활, 예술, 과학발전의 혜택을 공유할 권리
15. 가정이 사회와 국가의 보호를 받을 권리	34. 자신이 창작한 산물로부터 발생하는 정신적, 물질적 이익을 보호받을 권리
16. 단독으로 또는 다른 사람과 공동으로 재산을 소유할 권리	35. 이 선언에 규정된 권리와 자유가 실현될 수 있도록 사회적 국제적 질서에 대한 권리
17. 사상, 양심 및 종교의 자유에 대한 권리	
18. 의견과 표현의 자유에 대한 권리	
19. 평화적인 집회 및 결사의 자유에 대한 권리	
20. 직접 또는 간접적으로 자국의 정부에 참여할 권리	

〈표 4-6〉 「대한민국헌법」에 명시된 국민의 기본적 권리와 의무

「대한민국헌법」에 명시된 국민의 기본적 권리와 의무	
제1조	대한민국의 주권 국민에게 있고 모든 권력은 국민으로부터 나온다.
제10조	모든 국민은 인간으로서의 존엄과 가치를 가지며, 행복을 추구할 권리를 가진다. 국가는 개인이 가지는 불가침의 기본적 인권을 확인하고 이를 보장할 의무를 진다.
제11조	①모든 국민은 법 앞에 평등하다. 누구든지 성별·종교 또는 사회적 신분에 의하여 정치적·경제적·사회적·문화적 생활의 모든 영역에 있어서 차별을 받지 아니한다. ②사회적 특수계급의 제도는 인정되지 아니하며, 어떠한 형태로도 이를 창설할 수 없다. ③훈장 등의 영전은 이를 받은 자에게만 효력이 있고, 어떠한 특권도 이에 따르지 아니한다.
제12조	①모든 국민은 신체의 자유를 가진다. 누구든지 법률에 의하지 아니하고는 체포·구속·압수·수색 또는 심문을 받지 아니하며, 법률과 적법한 절차에 의하지 아니하고는 처벌·보안처분 또는 강제노역을 받지 아니한다. ②모든 국민은 고문을 받지 아니하며, 형사상 자기에게 불리한 진술을 강요당하지 아니한다. ③체포·구속·압수 또는 수색을 할 때에는 적법한 절차에 따라 검사의 신청에 의하여 법관이 발부한 영장을 제시하여야 한다. 다만, 현행범인인 경우와 장기 3년 이상의 형에 해당하는 죄를 범하고 도피 또는 증거인멸의 염려가 있을 때에는 사후에 영장을 청구할 수 있다. ④누구든지 체포 또는 구속을 당한 때에는 즉시 변호인의 조력을 받을 권리를 가진다. 다만, 형사피고인이 스스로 변호인을 구할 수 없을 때에는 법률이 정하는 바에 의하여 국가가 변호인을 붙인다.

⑤누구든지 체포 또는 구속의 이유와 변호인의 조력을 받을 권리가 있음을 고지받지 아니하고는 체포 또는 구속을 당하지 아니한다. 체포 또는 구속을 당한 자의 가족등 법률이 정하는 자에게는 그 이유와 일시·장소가 지체없이 통지되어야 한다.

⑥누구든지 체포 또는 구속을 당한 때에는 적부의 심사를 법원에 청구할 권리를 가진다.

⑦피고인의 자백이 고문·폭행·협박·구속의 부당한 장기화 또는 기망 기타의 방법에 의하여 자의로 진술된 것이 아니라고 인정될 때 또는 정식재판에 있어서 피고인의 자백이 그에게 불리한 유일한 증거일 때에는 이를 유죄의 증거로 삼거나 이를 이유로 처벌할 수 없다.

제13조 ①모든 국민은 행위시의 법률에 의하여 범죄를 구성하지 아니하는 행위로 소추되지 아니하며, 동일한 범죄에 대하여 거듭 처벌받지 아니한다.

②모든 국민은 소급입법에 의하여 참정권의 제한을 받거나 재산권을 박탈당하지 아니한다.

③모든 국민은 자기의 행위가 아닌 친족의 행위로 인하여 불이익한 처우를 받지 아니한다.

제14조 모든 국민은 거주·이전의 자유를 가진다.

제15조 모든 국민은 직업선택의 자유를 가진다.

제16조 모든 국민은 주거의 자유를 침해받지 아니한다. 주거에 대한 압수나 수색을 할 때에는 검사의 신청에 의하여 법관이 발부한 영장을 제시하여야 한다.

제17조 모든 국민은 사생활의 비밀과 자유를 침해받지 아니한다.

제18조 모든 국민은 통신의 비밀을 침해받지 아니한다.

제19조 모든 국민은 양심의 자유를 가진다.

제20조 ①모든 국민은 종교의 자유를 가진다.

②국교는 인정되지 아니하며, 종교와 정치는 분리된다.

제21조 ①모든 국민은 언론·출판의 자유와 집회·결사의 자유를 가진다.

②언론·출판에 대한 허가나 검열과 집회·결사에 대한 허가는 인정되지 아니한다.

③통신·방송의 시설기준과 신문의 기능을 보장하기 위하여 필요한 사항은 법률로 정한다.

④언론·출판은 타인의 명예나 권리 또는 공중도덕이나 사회윤리를 침해하여서는 아니 된다. 언론·출판이 타인의 명예나 권리를 침해한 때에는 피해자는 이에 대한 피해의 배상을 청구할 수 있다.

제22조 ①모든 국민은 학문과 예술의 자유를 가진다.

②저작자·발명가·과학기술자와 예술가의 권리는 법률로써 보호한다.

제23조 ①모든 국민의 재산권은 보장된다. 그 내용과 한계는 법률로 정한다.

②재산권의 행사는 공공복리에 적합하도록 하여야 한다.

③공공필요에 의한 재산권의 수용·사용 또는 제한 및 그에 대한 보상은 법률로써 하되, 정당한 보상을 지급하여야 한다.

제24조 모든 국민은 법률이 정하는 바에 의하여 선거권을 가진다.

제25조 모든 국민은 법률이 정하는 바에 의하여 공무담임권을 가진다.

제26조 ①모든 국민은 법률이 정하는 바에 의하여 국가기관에 문서로 청원할 권리를 가진다.
②국가는 청원에 대하여 심사할 의무를 진다.

제27조 ①모든 국민은 헌법과 법률이 정한 법관에 의하여 법률에 의한 재판을 받을 권리를 가진다.
②군인 또는 군무원이 아닌 국민은 대한민국의 영역 안에서는 중대한 군사상 기밀·초병·초소·유독음식물공급·포로·군용물에 관한 죄중 법률이 정한 경우와 비상계엄이 선포된 경우를 제외하고는 군사법원의 재판을 받지 아니한다.
③모든 국민은 신속한 재판을 받을 권리를 가진다. 형사피고인은 상당한 이유가 없는 한 지체없이 공개재판을 받을 권리를 가진다.
④형사피고인은 유죄의 판결이 확정될 때까지는 무죄로 추정된다.
⑤형사피해자는 법률이 정하는 바에 의하여 당해 사건의 재판절차에서 진술할 수 있다.

제28조 형사피의자 또는 형사피고인으로서 구금되었던 자가 법률이 정하는 불기소처분을 받거나 무죄판결을 받은 때에는 법률이 정하는 바에 의하여 국가에 정당한 보상을 청구할 수 있다.

제29조 ①공무원의 직무상 불법행위로 손해를 받은 국민은 법률이 정하는 바에 의하여 국가 또는 공공단체에 정당한 배상을 청구할 수 있다. 이 경우 공무원 자신의 책임은 면제되지 아니한다.
②군인·군무원·경찰공무원 기타 법률이 정하는 자가 전투·훈련등 직무집행과 관련하여 받은 손해에 대하여는 법률이 정하는 보상 외에 국가 또는 공공단체에 공무원의 직무상 불법행위로 인한 배상은 청구할 수 없다.

제30조 타인의 범죄행위로 인하여 생명·신체에 대한 피해를 받은 국민은 법률이 정하는 바에 의하여 국가로부터 구조를 받을 수 있다.

제31조 ①모든 국민은 능력에 따라 균등하게 교육을 받을 권리를 가진다.
②모든 국민은 그 보호하는 자녀에게 적어도 초등교육과 법률이 정하는 교육을 받게 할 의무를 진다.
③의무교육은 무상으로 한다.
④교육의 자주성·전문성·정치적 중립성 및 대학의 자율성은 법률이 정하는 바에 의하여 보장된다.
⑤국가는 평생교육을 진흥하여야 한다.
⑥학교교육 및 평생교육을 포함한 교육제도와 그 운영, 교육재정 및 교원의 지위에 관한 기본적인 사항은 법률로 정한다.

제32조 ①모든 국민은 근로의 권리를 가진다. 국가는 사회적·경제적 방법으로 근로자의 고용의 증진과 적정임금의 보장에 노력하여야 하며, 법률이 정하는 바에 의하여 최저임금제를 시행하여야 한다.
②모든 국민은 근로의 의무를 진다. 국가는 근로의 의무의 내용과 조건을 민주주의원칙에 따라 법률로 정한다.

③근로조건의 기준은 인간의 존엄성을 보장하도록 법률로 정한다.
④여자의 근로는 특별한 보호를 받으며, 고용·임금 및 근로조건에 있어서 부당한 차별을 받지 아니한다.
⑤연소자의 근로는 특별한 보호를 받는다.
⑥국가유공자·상이군경 및 전몰군경의 유가족은 법률이 정하는 바에 의하여 우선적으로 근로의 기회를 부여받는다.

제33조 ①근로자는 근로조건의 향상을 위하여 자주적인 단결권·단체교섭권 및 단체행동권을 가진다.
②공무원인 근로자는 법률이 정하는 자에 한하여 단결권·단체교섭권 및 단체행동권을 가진다.
③법률이 정하는 주요방위산업체에 종사하는 근로자의 단체행동권은 법률이 정하는 바에 의하여 이를 제한하거나 인정하지 아니할 수 있다.

제34조 ①모든 국민은 인간다운 생활을 할 권리를 가진다.
②국가는 사회보장·사회복지의 증진에 노력할 의무를 진다.
③국가는 여자의 복지와 권익의 향상을 위하여 노력하여야 한다.
④국가는 노인과 청소년의 복지향상을 위한 정책을 실시할 의무를 진다.
⑤신체장애자 및 질병·노령 기타의 사유로 생활능력이 없는 국민은 법률이 정하는 바에 의하여 국가의 보호를 받는다.
⑥국가는 재해를 예방하고 그 위험으로부터 국민을 보호하기 위하여 노력하여야 한다.

제35조 ①모든 국민은 건강하고 쾌적한 환경에서 생활할 권리를 가지며, 국가와 국민은 환경보전을 위하여 노력하여야 한다.
②환경권의 내용과 행사에 관하여는 법률로 정한다.
③국가는 주택개발정책등을 통하여 모든 국민이 쾌적한 주거생활을 할 수 있도록 노력하여야 한다.

제36조 ①혼인과 가족생활은 개인의 존엄과 양성의 평등을 기초로 성립되고 유지되어야 하며, 국가는 이를 보장한다.
②국가는 모성의 보호를 위하여 노력하여야 한다.
③모든 국민은 보건에 관하여 국가의 보호를 받는다.

제37조 ①국민의 자유와 권리는 헌법에 열거되지 아니한 이유로 경시되지 아니한다.
②국민의 모든 자유와 권리는 국가안전보장·질서유지 또는 공공복리를 위하여 필요한 경우에 한하여 법률로써 제한할 수 있으며, 제한하는 경우에도 자유와 권리의 본질적인 내용을 침해할 수 없다.

제38조 모든 국민은 법률이 정하는 바에 의하여 납세의 의무를 진다.

제39조 ①모든 국민은 법률이 정하는 바에 의하여 국방의 의무를 진다.
②누구든지 병역의무의 이행으로 인하여 불이익한 처우를 받지 아니한다.

출처: 「대한민국헌법」. 국가법령정보센터, https://www.law.go.kr/법령/대한민국헌법

그럼에도 불구하고 Marshall은 민권, 정치권, 사회권이 인권 개념에서 그리고 인권의 발달 역사에서 차지하는 비중이 다른 권리들에 비해 상대적으로 높다고 보았고, 그렇기 때문에 이 세 가지 권리를 구축하여 인권의 역사적 발달 과정을 시민권의 완성이라는 맥락에서 이해하는 시민권론을 제시하였다.

저자는 누군가에게 이러한 Marshall의 시민권론을 설명할 때마다 항상 다음과 같은 질문을 머리와 가슴속에 담은 채로 한동안 살게 되는 경험을 하곤 한다.

> 그렇다면 과연 사회권은 21세기에 또는 그보다 더 먼 미래에 어떤 권리로 진화할까? 혹시 진화가 아니라 퇴화할 수도 있을까?

그리고 용기 없는 스스로를 나무라면서 동료 연구자들과 학생들에게 다음과 같은 질문 겸 제안을 던지곤 한다.

> 물론 모든 사람이 Marshall 같이 역사의 흐름을 꿰뚫어 보는 통찰력을 가지고 있지는 않다. 그러나 그렇더라도 우리는 자유롭게 사고할 수 있는 능력을 가지고 있고, 어쩌면 많은 사람들이 부러워할지도 모르는 훈련을 통해 논리적으로 사고할 수 있는 사람이라는 자격도 얻었다. 그런 자격을 명목적인 자격으로 묵히지 않기 위해서라도, 우리가 받은 훈련이 한낱 사치에 불과한 것이 되지 않게 하기 위해서라도 이러한 질문에 대한 답을 찾는 노력을 해야 할 필요는 분명히 있지 않은가? 그리고 그런 도전이 결국 연구자가 가야 할 길이기도 하지 않은가?

3) 인권과 분배 정의

인권 개념은 1948년 UN이 제정한 세계인권선언을 통해 처음 소개된 이후 1950년 「유럽인권조약」, 1966년 「국제인권조약」, 1976년 「국제인권조약」 발효, 1989년 「아동권리협약」, 1993년 세계인권대회, 2006년 「장애인권리협약」 등 다양한 국제사회의 노력을 통해 꾸준히 확대·발전되어 왔다. 오늘날 인권은 다음과 같은 특성을 가진 권리 개념으로 이해되고 있다.

〈표 4-7〉 인권의 특성

인권의 특성	
• 보편성 및 비배제성(universal and inalienable)	• 근본성(fundamental)
• 불가분성(indivisible)	• 인간 존엄과의 관련성 (connection with human dignity)
• 평등 및 비차별성 (equality and non-discrimination)	• 비한정성(imprescriptible)
• 참여 및 포용성(participation and inclusion)	• 비거부성(irrevocable)
• 상호의존성 및 상호관련성 (interdepend and interrelated)	• 비절대성(never absolute)
	• 역동성(dynamic)
• 책임성 및 법치성(accountability and rule of law)	• 국가권력에 대한 제한(limit State power)
• 천부성(inherent)	• 법적 실효성(enforceable)
• 필수성(essential and necessary)	• 법에 의한 보호(protected by the court of laws)

출처: UNFPA (2005). Human Rights Principles. www.unfpa.org/resources/human-rights-principles

저자는 인권에 관한 논의를 접하면 접할수록 인권이 절대로 단순한 개념의 권리일 수 없다는 생각과 함께 '인권에 해당하는 모든 권리를 동시에 실현한다는 것이 과연 가능한가?'라는 의구심이 들었다. 그리고 '만일 가능하다면 어떤 권리를 우선시해야 하며 어떤 권리를 어느 수준까지 실현해야 하는가?' 등의 생각을 점점 더 하게 되었다.[8)]

〈표 4-7〉에 제시된 인권의 특성 중 하나는 상호의존성 및 상호관련성이다. 이 특성을 한마디로 설명하면 인권에 해당하는 많은 권리들 간에 서로에게 영향을 주고 또 서로에 의해서 영향을 받는 관계가 존재한다는 것이다. 어떤 두 가지 권리가 서로 주고받는 그 영향은 긍정적일 수도 있지만 부정적일 수도 있다. 만일 어떤 두 가지 권리 간의 관계가 후자라면 그 두 가지 권리를 동시에 실현한다는 것이 현실적으로 가능한가? 대표적인 예가 앞서 들었던 자유권과 사회권 간의 상충적 관계이다. 경제적 자유와 최소한의 인간다운 삶을 보장하기 위한 재분배는 양립하기 어려운 권리이다.

8) 인권에 관한 폭넓으면서도 깊이 있는 논의를 원하는 독자들에게는 조효제(2015)의 『인권 오디세이』를 읽어 볼 것을 진심으로 추천하며, 인권과 사회복지와의 관계에 관한 논의는 윤찬영(2022)의 『인권복지론: 인권과 함께 하는 복지 실천』을 읽어 볼 것을 권한다.

이런 상황에서 우리가 현실적으로 선택할 수 있는 방법은 두 가지이다. 첫째는 어느 한 권리를 절대적으로 실현하고 다른 한 권리의 실현을 포기하는 'all or nothing' 방법이고, 둘째는 각각의 권리를 적절한 수준까지만 실현함으로써 두 권리 모두를 실현하는 방법이다. 그런데 인권은 모든 인간이 누려 마땅한 권리이므로 어떤 인권을 실현하기 위해 다른 인권을 포기할 수는 없다. 따라서 전자 방법은 배제하고 후자 방법을 선택할 수밖에 없다.

그러고 나면 우리는 어쩌면 더 답하기 힘든 다음과 같은 질문에 맞닥뜨리게 된다.

> 어떤 권리를 어느 수준까지 실현할 것인가? 또는 어떤 권리의 실현을 우선시할 것인가?

저자에게 이 질문은 분명히 정의(justice)에 관한 질문이다. 저자는 이 책의 앞부분에서 어떤 사회에서든 정의는 그 사회의 구성원들이 자유와 평등이라는 두 가지 가치 각각에 대해서 어느 정도의 상대적 중요성을 부여하는지에 따라 그 실체가 결정된다고 말한 바 있다. 인권은 권리의 성격이 자유권적 권리인지 평등권적 권리인지 여부를 하나의 기준으로 하고 자원의 유한성에 의해 제약을 받는지 여부를 또 하나의 기준으로 하여 [그림 4-1]과 같이 그 종류를 네 가지로 구분할 수 있다.

		자유권적 권리	평등권적 권리
권리 실현이 자원의 유한성에 의해	제약 받지 않는 권리	I 예: 소극적 자유권	II 예: 투표권
	제약 받는 권리	III 예: 적극적 자유권	IV 예: 사회보장권

[그림 4-1] 인권의 네 가지 종류

자유권적 권리와 평등권적 권리 중 자원의 유한성에 의해 제약을 받지 않는 권리들은 ([그림 4-1]에서 범주 I과 범주 II에 해당하는 권리) 그들 간의 관계가 일반적으로 상호보완적이고, 비경합적이며 비배제적이고, 권리 실현을 위한 비용이 거의 또는 전혀 발생하지 않는 권리들이다. 이와 달리 자유권적 권리와 평등권적 권리들 중에서 자원의 유한성에 의해 제약을 받는 범주 Ⅲ과 범주 Ⅳ에 해당하는 권리들 간의 관계는 일반적으로 상충적이고, 경합적이며, 배제적이고, 권리 실현이 비용을 발생시키는 권리들이다. 이 두 범주에 해당하는 권리들 간의 관계는 아무리 표현 강도를 낮추더라도 '갈등과 긴장이 늘 발생하기 마련인 관계'라고밖에 표현할 수 없는 관계이다.

문제가 되는 것은 바로 이 '자원의 유한성에 의해 권리 실현이 제약을 받는 권리들'이다. 이 권리들을 동시에 완전하게 실현하는 것은 어떤 사회에서도 현실적으로 불가능하다. 예를 들어서 적극적 자유권을 더 실현하고자 하면 사회보장권을 더 희생할 수밖에 없고 물론 그 반대도 마찬가지이다. 따라서 어떤 권리도 포기하지 않으려면 각각의 권리를 부분적으로만 실현해야 한다. 그렇게 하고자 할 때 우리는 위에서 제시한 질문에 대해서 생각해 보지 않을 수 없게 된다.

한 시민사회의 구성원들이 그 사회 내에서 생산된 생산물과 관련해서 다음의 두 가지 가운데 어느 것을 더 중요시할지는 그 사회에 어떤 지배적 정의관이 자리하고 있는지에 따라 다르게 결정된다.

내가 정당하게 이룬 성과를 내가 소유하게 함으로써 경제적 자유권을 보호하는 것	vs	사회적 성과물을 사회적 약자에게 더 큰 몫이 돌아가도록 분배하거나 1차적 분배의 결과를 수정함으로써 모두가 인간다운 삶을 누릴 평등권을 보호하는 것

이러한 의미에서 앞의 질문은 저자에게는 정의에 관한 질문이면서 인권과 정의를 연결하는 질문이다. 그리고 앞의 질문에 대한 답을 찾기 위해 노력하는 과정에서 우리는 자연스럽게 사회 정의(social justice)에 대해서 생각해 보게 된다.

3. 사회 정의

사회 정의(social justice)에 관한 구체적인 논의를 하기에 앞서 저자는 이 장에서 저자가 논의하는 사회 정의에 관한 내용이 David Miller가 1976년과 1990년에 출간한 두 권의 책에서[9] 서술한 사회 정의에 관한 내용 중 저자가 이해한 내용을 저자의 말로 정리한 것임을 먼저 밝히고자 한다(Miller, 1976, 1990).

사회 정의가 어떤 개념인지 이해하기 위해서는 먼저 정의(justice) 앞에 붙은 '사회'라고 하는 수식어가 의미하는 바를 이해하고, 그런 다음에 사회 정의에서 말하는 '정의'가 어떤 정의인지 이해해야 한다. 그럼 이 두 가지 것을 차례대로 하나씩 살펴보기로 하자.

1) 사회의 의미

(1) 결과에 대한 기여·책임 정도를 알 수 없음

사회 정의에서 '사회'가 의미하는 바는 두 가지이다. 첫째는 정의를 논의하는 단위가 개인이 아니라 사회라는 의미이다. 그리고 이 말은 뒤에서 더 자세히 설명하겠지만 어떤 현상이나 결과에 대한 사회구성원 개개인의 기여 또는 책임 정도를 알 수 없다는 것을 뜻한다. 이 말의 의미를 예를 통해 이해해 보자. 18세기 중반 영국을 중심으로 일어난 산업혁명은 산업화와 노동의 분업화를 통해 영국 사회의 생산력을 획기적으로 증가시켰다. 그 결과, 사회 내에 협력적 잉여(cooperative surplus)가 만들어지기 시작하였고 사람들 사이에서 "그렇게 생산된 잉여를 어떻게 분배하는 것이 정의로운가?"라는 질문이 등장하게 되었다(이종은, 2014: 505; Pogge, 2007: 183).

그러면서 그 이전까지는 분배의 주된 관심이 개인이라는 분배 참여 주체 단위들 사이의 분배였던 것과 달리, 협력적 잉여를 만들어 내는 데 참여한 자본가 계급 또는

---

9) 사회 정의에 관심이 있다면 Miller(1976)의 『Socisl Justice』와 Miller(1990)의 『Principles of Social Justice』를 꼭 읽어 볼 것을 권한다.

계층과 노동자 계급, 계층 사이의 분배가 개인 단위의 분배 못지않게 중요한 (어쩌면 그보다 더 중요한) 사회적 관심사가 되었다. 이후 19세기 말이 되면서부터 개인이 분배 참여 주체의 단위일 때의 분배 정의와 집단이 분배 참여 주체의 단위일 때의 분배 정의를 구분해야 하는 필요성에 의해 사회 정의라는 개념이 등장하게 되었다.

협력적 잉여란 무엇인가? 이 개념을 설명하기 위해서 다음과 같은 두 사회 A, B가 있다고 가정해 보자. 사회 A는 타인으로부터 어떠한 도움도 받지 않고 각자 자기 능력에만 의존하여 개인 단위의 생산 활동을 하는 사람들로 이루어진 사회이다. 이 사회에서 각자가 받아 마땅한 몫은 어떻게 정해져야 하는가? 아마도 '각자가 생산해 낸 생산물이 각자가 가져 마땅한 몫'이라는 것 외의 답을 찾기는 매우 어려울 것이다. 왜냐하면 어떤 결과가 누구의 노력으로 얻은 결과인지가 분명하기 때문이다. 이번에는 사회 B를 생각해 보자.

사회 B는 사회구성원 중 누군가가 다른 사람이 생산해 낸 결과물 중 일부를 빼앗은 다음 그것에 대해 소유권을 주장한다고 가정해 보자. 우리는 이 사람의 행동에 대해서 어떤 평가를 내릴 것인가? 아마도 '그러한 행동은 정의롭지 않는 행동'이라는 평가 외의 평가를 기대하기는 매우 어려울 것이다. 왜 그런가? 왜냐하면 이 경우에도 우리는 무엇이 누구의 것인지를 분명히 알기 때문에 그렇게 답할 수밖에 없다.

사회 A처럼 생산의 결과와 그 결과를 만들어 내기 위해 노력한 주체 간의 배타적 대응이 가능한 사회에서는 어떤 분배가 정의로운 분배인지는 매우 분명해진다. 자신이 이룬 결과를 자신이 갖는 것이다. 그런데 이러한 배타적 대응이 불가능하다면 어떻게 되는가? 한 가지 분명한 것은 무엇이 정의로운 분배인지를 정의(define)하기가 매우 어려워진다는 것이다.

이번에는 앞에서 예로 들었던 두 사회와 다른 C라는 사회가 있다고 가정해 보자. 이 사회에서는 생산이 개인 단위가 아니라 사회 단위에서 이루어진다. 생산에 필요한 노동은 분업화되어 있으며 모든 사회구성원은 분업화된 노동 가운데 자신의 능력에 맞는 노동을 담당함으로써 사회 단위의 생산 활동에 참여한다. 노동의 분업화로 인해 이 사회의 생산력은 개인 단위로 생산 활동을 할 때 사회구성원 각자가 발휘하는 생산력의 단순 합보다 획기적으로 향상된다. 그리고 향상된 생산력을 바탕으로 사회 C가 생산 가능한 생산물의 양은 사회 C의 생산력이 개인 생산력의 단순 합일 때 생산 가능한 생산물의 양보다 많아진다. 이 두 생산물 양 간의 (+) 차이는 사회 단위의 협력적 생산 활동으로 인해 발생한 차이이므로 이를 가리켜 협력적 잉여(cooperative surplus)라고 한다.

이렇게 생산된 협력적 잉여는 사회구성원 간에 어떻게 분배되는 것이 정의로운가? 이제 우리 앞에 놓여 있는 상황은 개인 단위에서 이루어진 생산 활동의 산물을 분배하는 상황이 아니라 사회가 하나의 단위로 생산 활동을 펼쳐 만들어진 산물을 사회구성원 사이에서 분배하는 상황이다. 이 두 가지 상황에 해당하는 정의를 구별하기 위해서 전자 상황의 정의를 개인 간의 정의를 뜻한 사적 정의(private justice) 또는 분배 정의(distributive justice) 라고 부르고 후자 상황의 정의를 사회 정의(social justice)라고 부른다.

생산 활동이 개인 단위가 아니라 사회 단위에서 이루어지는 경우, 무엇이 분배 정의인지 정의(define)하려는 시도는 그 사회가 생산물을 만들어 내는 데 각각의 개인이 얼마나 어떤 식으로 기여했는지를 알 길이 없다는 첫 번째 장애물에 부딪히게 된다. 이것이 매우 비현실적인 가정이기는 하지만 사회적 생산 활동에 참여한 각 개인이 자신이 기여한 절대량을 정확하게 알고 있어서 이 문제를 극복한다고 하더라도 두 번째 장애물이 기다리고 있다. 분화된 각각의 노동이 갖는 상대적 중요성을 누가 어떤 기준을 가지고 판단할 수 있을지 불분명하다는 것이 바로 그것이다. 왜냐하면 자신이 행한 노동의 중요성을 높게 평가하는 사람은 많아도 그 반대 경우인 사람은 좀처럼 찾아보기 힘들기 때문이다.

그리고 현실에서는 어떤 행위까지를 생산 활동에의 참여로 볼 것인지, 누구까지를 생산 활동에 참여한 사람으로 볼지, 어떤 노동이 생산과 직접적으로 관련이 있고 어떤 노동이 생산과 관련이 없는 것인지, 얼마나 많은 사람이 어떤 방식으로 생산 활동에 참여했는지 등도 정확하게 알 수 있는 방법이 없다. 엄밀히 말하면 우리가 아는 것은 그저 다음과 같은 사실뿐이라고 해도 과언이 아니다.

- 다수 사람이 노동 분화를 통해 생산 활동에 함께 참여함에 따라 사람들 간 관계의 범위가 '익명성 낮은 개인 간의 관계'에서 '익명성 높은 개인 간의 관계'로 확대되었다.
- 생산 활동에 참여한 사람들 사이에서 누가 생산 활동의 어떤 결과를 얼마만큼 생산하는 데 얼마나 기여했는지를 배타적으로 구분하는 것은 불가능하다.

이런 상황에서 과연 사회구성원 각자에게 자신이 받아 마땅한 몫을 분배하여 개인 차원에서 분배 정의를 실현하는 것이 가능한가? 아마도 (절대 불가능하다고는 할 수 없다면) 부분적 또는 불완전한 수준에서만 가능할 것이다. 저자는 바로 이 불완전에 대한 이해가 사회 정의 개념이 등장할 수밖에 없었던 원인이라고 생각한다. 즉, 사회적 생산물을 개인 간에 분배하는 분배 정의는 불완전할 수밖에 없으므로 최소한 집단 차원에서 분배 정의를 실현하여 사적 정의의 불완전성을 사회적 정의로 보완해야 할 필요성에 대한 인식에서부터 사회 정의 개념이 등장했다고 볼 수 있다.

(2) 사회 차원의 원인

'사회'라는 수식어가 내포하고 있는 또 한 가지 의미는 어떤 사회 현상 또는 결과가 개인의 의사, 의도, 결정, 행위 등에서 기인한 것이 아니라, 한 사회 내에 존재하는 제도, 구조, 관습, 관행, 규범 등과 같이 개인 차원을 벗어나는 원인에서 비롯된 현상 또는 결과라는 것이다. 그리고 이 뜻 안에는 그러한 사회 현상 또는 결과를 개선하려면 개인 차원의 노력이 아니라 전체로서의 사회 차원의 노력이 필요하다는 의미도 암묵적으로 포함되어 있다.

노동보다 자본의 중요성을 훨씬 높이 평가하는 경제 체제가 작동하고 있는 어떤 사회가 있다고 가정해 보자. 이 사회의 부(wealth) 중 거의 대부분, 예를 들면 X만큼이 사회구성원 중 소수에 불과한 자본가에게 분배되고 나머지 Y만큼이 사회구성원 중 절대다수를 차지하는 노동자에게 분배된다. 그리고 이로 인해 자본가 계층과 노동자 계층 간의 부의 불평등이 날이 갈수록 심화하고 있다. 만일 노동자들에게 분배된 Y만큼의 몫으로는 인간으로서의 기본적인 생활을 영위하는 것 자체가 어렵다면 노동자들의 눈에는 자본의 중요성을 높이 평가하는 경제 체제에 의해 사회의 부가 사회구성원 간에 지금과 같이 분배되어 있는 상황이 정당하게 보이지 않을 것이다.

이 경우 노동자들이 받고 있는 불이익은 노동자 개개인의 의도나 행동과는 무관하게 이 사회의 경제 체제가 가진 결함 내지는 부당함에서 비롯된 것이다. 또 노동자들의 입장에서 보면 그들이 받고 있는 불이익은 도덕적으로 정당하지 않은 것이며 더 나아가서는 인간의 기본적인 권리인 생존권에 대한 위협이 아닐 수 없다.

그럼 이 불평등의 문제를 어떻게 해결할 것인가? 이 사회에 존재하는 불평등을 그것이 발생한 것에 대해 사회구성원 개개인이 얼마만큼의 책임이 있는지를 개개인의 의도나 행동을 도덕적으로 평가하여 따진 다음, 각자에게 자신의 책임에 상응하는 몫만큼의 문제에 대해 책임을 지게 함으로써 해결할 수 있는가? 앞서 언급한 바와 같이 그런 식의 문제해결은 불가능하다. 문제를 해결하기 위해서는 지금 이 사회에서 작동 중인 경제체제의 정당성을 전체 사회 차원에서 평가하여 그것이 가진 부당성 내지 결함을 개선해야 한다. 그 방법이 개인에게 책임을 돌릴 수도 없고 개인의 노력으로는 해결할 수도 없는, 사회 제도에서 비롯된 이익과 불이익의 부당한 분배 상태를 개선할 수 있는 유일한 방법이고 전체 사회 차원에서 정의를 실현하는 사회 정의이다.

이처럼 사회 정의는 사회의 제도, 구조, 관습, 관행, 규범 등에 의해 발생한 문제적 분배 상태라고 하는 상황은 개인 차원이 아닌 전체 사회 차원에서 개선해야 할 필요성을 등장 배경으로 하는 정의 개념이다. David Miller는 John Rawls의 다음과 같은 주장을 빌려 이러한 사실을 강조하고 있다(Miller, 1999).

> 사회 정의의 일차적 관심사는 사회의 기본 구조이다.

2) 정의의 의미

사회 정의에서 말하는 '정의'는 어떤 사회가 가진 제도, 구조, 관습 등에 의해서 발생한 사회 현상으로서의 사회구성원 간 이익과 불이익의 분배 상태가 정당한 것인지를 묻거나 평가하는 정의이다. 이때 '정당하다' 또는 '정당하지 않다'는 것은 도덕적으로 '옳다' '그르다' '그것이 마땅하다' '마땅하지 않다'라는 도덕적 판단과 함께 그러한 이익과 불이익의 분배로 인해 모든 사회구성원이 누려 마땅한 기본적 권리가 침해되는지 여부를 가지고 판단하는 문제이다. 그러므로 사회 정의는 개인 간에 어떤 가치를 분배하는 사적 정의보다 높은 차원의 정의 개념이다.

어떤 사회의 기본 구조나 제도나 관습 등으로 인해 발생하는 정당하지 않은 이익과 불이익의 분배는 그 범위가 빈곤이나 불평등에만 국한되지 않는다. 따라서 사회 정의의 관심사는 개인 간에 소득이나 부가 정의롭게 분배되었는지뿐만 아니라 그보다 훨씬 다양한 것과 관련된, 사회 내의 이익과 불이익의 분배 상태를 관심의 대상으로 삼으며 아울러 그러한 분배 상태를 유발하는 사회 제도, 구조, 관습 등의 정당성 여부 또한 관심의 대상으로 삼는다.

이때 한 가지 주의해야 할 것은 '사회 안에서 발생하는 이익과 불이익의 분배 상태가 도덕적으로 정당한지 내지 사회구성원의 기본권을 침해하는지가 관심의 대상이다.'라는 말에서 도덕적으로 정당한지 여부를 간과하고 '기본적 권리를 침해하는지 여부'에만 초점을 맞춤으로써 자칫 사회 정의를 법적 정의와 동일 개념으로 잘못 이해하지 말아야 한다는 것이다. 인권은 법에 의해 부여된 힘이므로 인권 침해 여부는 법에 근거하여 판단해야 하는 문제임이 틀림없다. 그러나 인권 중에는 법에 의해 인정되지 않는 권리도 있다. 그런 권리들은 도덕적으로 옳은 것 또는 정당한 것이기 때문에 권리로 여겨지는 것들이다. 사회 정의는 사회의 제도, 구조, 관습 등에 의해 발생한 구체적인 이익과 불이익의 배분 상태로 인해 그런 권리들이 침해되는지 여부까지도 정의 판단의 대상으로 삼는다. 즉, 사회 정의는 법적 정의보다 더 넓은 정의 개념이라는 것이다.

'사회 정의가 무엇인가?'라는 질문에 대한 답이 될 만한 몇 가지 예를 들어 보기로 하자. 충분한 소득을 얻지 못해 은행으로부터 대출을 받아 생활비를 부분적으로 충당하던 많은 개인이 짧은 기간에 대출금리가 급격하게 상승하여 대출을 받을 당시의 이자율과는 비교가 되지 않을 만큼 높아진 이자를 갚느라 소득의 상당 부분을 써야만 하는 생활을 지속하다가 급기야 빈곤층으로 전락하는 일이 벌어졌다고 가정해 보자(사실 이 사회현상은 2022년 초부터 한국에서 실제로 벌어지고 있는 사회현상이다). 이 과정에서 많은 저소득층과 중산층이 경제적 부담과 빈곤이라는 불이익을 경험한 반면, 은행 등의 금융기관들은 예금 금리와 대출 금리 간의 차이로 인해 상당한 규모의 이익을 얻게 되었다.

이러한 상황이 개인의 의사, 결정 또는 행위에 의해서 발생했다고 말할 수 있는가? 대출 금리가 자신이 감당할 수 있는 수준일 때 대출을 받아 생활을 영위한 합리적인 선택 그 자체가 잘못이라면 누구도 더 이상 할 수 있는 말은 없다. 그러나 이자율을 비롯한 거시경제지표는 개인이 결정할 수 있는 것이 아님을 이해한다면, 그리고 인간이 미래에 벌어질 상황을 모두 예측할 수 있는 능력을 가지고 현재를 살아가는 것이 불가능하다는 주장에 동의한다면 이 상황이 빚어낸 빈곤을 개인의 무모함이나 부도덕함으로 인해 발생한 것이라고 보기는 어려울 것이다.

이 상황과 관련해서 사적 정의는 은행으로부터 대출을 받아 생활을 영위한 개인들의 행위가 정당한지를 논하는 것인 데 비해 사회 정의는 이 사회에서 작동하고 있는 금융시스템의 불완전성 내지는 결함으로 인한 결과로, 사회구성원 간의 이익과 불이익의 분배 상태가 도덕적으로 정당한지, 사회구성원의 기본 권리를 침해하고 있지는 않은지에 관심을 둔다.

생활환경 중에서도 교육환경이 매우 좋은 어떤 지역에 거주하고 있는 사람들이 그 지역에 자신들과 다른 인종의 사람들이 유입되는 것을 막기 위해 특정 인종의 사람들이 그 지역의 주택을 구입하는 것을 매우 어렵게 하는 행위를 집단적으로 하고 있다고 가정해 보자. 이처럼 겉으로 드러나지 않으면서 암묵적으로 행해지고 있는 인종 차별로 인해 그 지역의 거주민 중 특정 인종에 해당하는 거주민이 차지하고 있는 비중이 수년째 매우 낮은 수준에 머무르고 있다면, 그러한 인종 차별과 인종 차별 행위에 아무런 제재를 가하지 않는 사회 구조로 인해 특정 인종의 사람들에게는 불이익이, 그리고 특정 인종이 아닌 사람들에게는 이익이 분배되는 상황이 발생하는 것이다. 당연히 이 문제는 전체 사회 차원의 해결책을 모색해야만 해결할 수 있는 문제이다. 사회 정의의 관심사는 이러한 상황이 과연 (법적으로는 물론이거니와) 도덕적으로도 정당한지의 여부를 판단하는 것이다.

또 다른 예를 들어 보자. 소득 대비 집값 배율을 뜻하는 PIR(Price-to-Income Ratio) 지표는 특정 지역에 살고 있는 사람의 소득 대비 그 지역의 집값이 몇 배인지를 나타내는 지표이다. 지난 2021년 기준 수도권의 PIR은 10.1, 전국의 PIR은 6.7(중위값)이었다.[10] 이 말은 자신의 소득을 한 푼도 쓰지 않고 10년을 모아야 자신이 현재 거주하고 있는 지역에서 집을 구입할 수 있다는 것을 뜻한다. 주택 가격이 왜 오르고 내리는지를 굳이 설명하지 않더라도 오늘날 한국에서 개인이 주거빈곤층에 속하는지 여부는 개인의 의사와 무관하게 사회·경제적으로 결정되는 문제가 되어 버렸다. 이처럼 사람들이 희망을 잃게 만드는 높은 RIP의 문제는 왜 발생하는가? 일확천금을 노리는 소위 '한탕주의'라고 하는 인간의 탐욕이 문제의 원인이 아닐 수는 없다. 그러나 이 사회가 가진 노동시장의 구조와 그 안에서 작동하는 임금체계, 경제정책 그리고 주택정책 등이 원인이 아니라고 누가 자신 있게 말할 수 있는가? 사회 정의는 후자에 해당하는 원인과 그러한 원인에 의해 발생한 이익과 불이익의 분배 상태의 도덕적 정당성을 판단하는 것이다.

오래전부터 이어져 내려오는, 그러나 그 근거를 알 수 없기에 동의할 수 없는 생각 중 하나는 '남성이 여성보다 우월한 존재'라는 생각이다. 이러한 생각은 지금으로부터 불과 100년 전까지만 해도 영국과 미국에서 여성의 투표권 불인정이라는 사회 제도에 분명하게 반영되고 있었다. 이 불평등한 사회제도는 여성들의 끈질긴 'Suffrage Movemet'를 통해 1920년대가 되어서야 비로소 철폐되었다. 이러한 성차별이 개인 차원의 원인으로 인해 발생한 현상인가, 아니면 남성이 여성보다 우월했으면 좋겠다는 남성들의 집단적 바람이 선거제도라는 사회제도에 반영되어 만들어진 현상인가? 보편적이지 않은 투표권은 사회구성원 중 절반에 해당하는 사람들의 권리에 대한 명

10) 국토교통부「주거실태조사」, https://www.index.go.kr/unity/potal/indicator/IndexInfo.do?cdNo=2&clasCd=10&idxCd=F0188

백한 침해이다. 또한 그로 인해 벌어진 남성들에게는 이익이 분배되고 여성들에게는 불이익 분배되는 상황은 사회 정의 관점에서 판단할 때 정당하지 않다.

마지막으로, 이 글을 읽는 독자들이 친숙하게 느낄 것 같은 예를 들어 보자. 모든 인간은 (좀 더 보수적으로 말해야 한다면 대다수 인간은) 각자 자신이 원하는 삶의 목표를 세우고 자신이 원하는 방식대로 그 목표를 달성해 나아가기를 원한다. 그렇게 할 권리도 있다. 저자는 교육 중에서도 특히 고등교육의 목적이 (적어도 21세기 사회에서는) 그러한 개인들에게 지식 위주의 도움을 제공함으로써 그들이 자신의 역량을 키울 수 있게 하는 것이라고 생각한다. 그런데 다른 학문은 차치하고 사회복지학이라는 학문을 고등교육기관에서 배우고 있는 개인들이 처한 상황을 보면 현실에서의 고등교육의 목적은 단 한 가지, 사회복지사 1급 국가고시 합격이라는 생각을 하지 않을 수 없다.

사회의 요구가 반영된 것인지 아니면 사회복지학을 교육하는 교육전문가들이 그렇게 만든 것인지는 모르겠으나, 그 국가고시제도가 사회복지학 교육에 엄청난 부정적 영향을 미치고 있다는 사실에 동의하는 사람이 그렇지 않은 사람에 비해 훨씬 많다는 것은 사실이다. 단순한 불편함을 넘어서서 사회적 해악이 되어 버린 이 현상은 개인 차원의 원인에서 비롯되었는가, 아니면 사회 차원에서 그 원인을 찾아야 하는가? 개개인에게 시험 위주의 공부를 하지 말라고 권유하거나 입시 위주의 교육에서 벗어나라는 요구를 개별 교육기관에 하는 것은 문제를 해결하는 방법일 수 없다. 문제의 핵심은 누군가의 이익을 위해 사회복지사 1급 국가고시의 형식이 바뀌지 않는 것이고, 그러한 문제 상황을 만들어 내는 정당하지 않은 사회 제도와 구조를 바꾸는 것이 사회 차원의 정의를 바로 세우는 방법이다.

앞의 예를 통해서 어느 정도 이해했을 것이라 생각되지만 저자는 사회 정의를 다음과 같이 정의(definition)한다.

> 한 사회가 가지고 있는 제도, 구조, 관습 등에 의해 발생한 사회적 이익과 불이익이 전체로서의 사회에 분배되어 있는 상태의 도덕적 정당성 내지는 그러한 상황이 사회구성원의 기본적인 권리를 침해하는지에 관한 판단

그리고 사회 정의에 대한 이러한 이해는 당연히 다음과 같은 질문을 낳는다.

> 사회적 이익과 불이익이 어떻게 분배되는 것이 정당한가?

앞의 질문에서 '어떻게'에 해당하는 자리는 대개 경우, 공정, 평등 또는 공평 중 어느 하나로 메꿀 수밖에 없다. 즉, 사회 정의에서 말하는 정의(justice)는 사회 제도, 구조, 관습 등으로 인해 발생한 사회구성원 간의 이익과 불이익의 분배 상태가 공정, 평등 또는 공평한 상태 중 어느 하나가 되어야 한다는 것을 의미한다. 그렇기 때문에 저자는 사회 정의 개념에 분배 개념이 태생적으로 내재할 수밖에 없다고 생각하는데, 왜냐하면 사회 정의에 해당하는 공정한 관계, 평등한 관계 또는 공평한 관계를 실현하기 위해서는 분배 또는 재분배가 필수적이기 때문이다.

사회 정의 개념을 이해할 때 우리는 분배 참여 주체의 단위가 개인만이 아니라 사회 내의 집단도 될 수 있다는 것을 이해할 수 있다. 후자가 사회 정의라면 전자, 즉 개인 간의 관계에 관한 정의는 무엇인가? 그 정의는 개인들 간의 관계에 관한 정의이므로 사회 정의와의 구분을 위해 사적 정의(private justice)라고 부른다. 그런데 이 정의를 사적 정의라고 부르는 경우는 거의 없다. 왜냐하면 사람들 사이에서 정의 개념이 처음 논의되기 시작했을 때 사람들의 관심은 사회가 아니라 개인들 간의 관계에 맞춰져 있었는데, 그러한 사고가 일종의 습관이 되어 '정의는 당연히 개인들 간의 관계에 관한 것'이라는 생각이 굳어져 정의를 논하면서 자신이 말하는 정의가 사적 정의라는 사실을 일부러 언급할 필요가 없다고 생각하게 되었기 때문이다.

3) 사회 정의의 실현 가능성

이제 마지막으로 사회 정의에 관한 내용 중 어쩌면 가장 중요한 내용이라고 할 수 있는 사회 정의의 실현 가능성에 대해서 함께 생각해 봄으로써 사회 정의에 관한 논의를 마치도록 하겠다.

솔직히 말하면 저자는 아직도 사회 정의에 대해서 다음과 같은 질문을 이따금씩 스스로에게 던지곤 한다.

> 사회 정의가 과연 실체가 있는 정의인가?

이 질문에 대해서 정의(justice)의 두 가지 요소인 자유와 평등 중 자유를 더 중요시하는 진영의 사람들과 평등을 더 선호하는 진영의 사람들은 일반적으로 상반된 답을 제시한다. 자유를 선호하는 사람들 중 대다수는 분배 정의는 개인 간 분배에 대해서만 생각할 수 있으므로 곧 사적 정의를 의미한다고 본다. 그들은 또한 사회 정의는 누구와 누구 또는 무엇과 무엇 간의 정의인지 자체가 불분명하기 때문에 마치 유령같이 실체를 규정할 수 없는 것이며 아이디어에 불과한 것이라고 주장한다. 그리고 실체를 규정할 수 없는 것에 대해서 실현 가능 여부를 논의하는 것은 논리적으로 말이 되지 않기 때문에 사회 정의를 실현한다는 것은 불가능하다고 본다(Hauek, 1993: 117-158, 146-149).[11)]

이 진영의 학자들 간에 의견 차이가 전혀 없는 것은 아니지만 이들은 공통적으로 법에 의한 지배 원칙, 자유권의 보장, 형식적 평등주의를 중요하게 여긴다. 이 진영에 속하는 사람들은 합리적 경제주체들로 구성된 시장과 시장의 균형인 가격을 사회 정의에 대한 대안이자 유일한 해법으로 제시한다. 자유 진영을 대표하는 학자로는 Hayek, Nozick, Friedman 등을 꼽을 수 있는데, 이들 중 사회 정의 개념에 대해서 가장 많은 의문을 제기한 사람은 Hayek다. Hayek에 따르면 사회라는 것의 실체가 무엇인지를 누구도 명확하게 설명할 수 없고, 그렇기 때문에 사회 정의라는 것이 누구와 누구 간에 분배를 말하는 것인지 알 길이 없으며, 설령 그것을 안다고 하더라도 누가 무엇을 얼마나 생산했는지 등을 알 수 없다고 주장한다.

Nozick은 그의 책『Anarchy, State and Utopia』에서 사회 정의는 결코 중립적인 개

---

11) 이러한 견해를 대표하는 학자는 Hayek이다. 보다 자세한 내용은 Hayek(1993)의『Law, Legislation, and Liberty, vol. II: The Mirage of Social Justice』를 참고하기 바란다.

념이 아니라 타인에 대한 책임 또는 의무를 포함하는 매우 정치 이념적인 개념이라고 주장하였다. 그러면서 사회 정의는 사회구성원 모두에게 자신이 아닌, 누군지 모르는 어떤 사회구성원에 대해서 적극적인 책임을 가질 것을 요구하는 것이라고 보았다. 예를 들면, 모든 사회구성원이 일정 수준까지의 욕구를 충족할 수 있게 해야 할 책임, 모든 사회구성원이 인간다운 삶을 살 수 있게 해야 할 책임, 사회권을 보장해야 할 책임, 그리고 그러한 것들을 보장하기 위해서 자신의 몫을 포기해야 할 책임 등이 그것이다.

Nozick은 개인이 자신에 관한 사항이 아닌 것에 대해서 왜 책임 또는 의무를 져야 하는지에 대해서 생각해 봐야 한다고 주장하였다. 그러면서 Nozick은 책임 또는 의무(이하, 의무)는 그 대상이 명확해야 하고 따라서 제한적이어야 함을 강조하였는데, 대상이 불분명한 의무는 단순한 모호함 정도가 아니라 매우 실질적이고 분명한 위험을 초래할 수 있기 때문이었다. 구체적으로 말하면 대상이 명확하지 않은 의무가 개인의 자유를 자신과 무관한 타인에 관한 상황에 의해 구속되게 만드는 위험을 말한다. 따라서 의무는 대상을 명확하게 판단할 수 있는, 그리고 자기 자신과 관련된 상황에만 관련된 것이어야 하며 그 의무 이상의 범위로 확대되는 것은 마땅하지 않다(현진권 편, 2013: 29-36).

Nozick은 자유에 대한 권리를 가장 중요한 가치로 여겼기 때문에 필요 이상으로 확대된 의무가 개인의 자유를 침해하는 것은 정의로운 것이 아니라 보았고, 사회 정의가 아니라 개인의 소유권리(entitlement)가 정당화되는 것을 유일한 정의로 보았다. 즉, 정당하게 획득된 소유권리는 그 권리의 주체인 개인의 의지에 의하지 아니하고서는 그 누구에게도 양도할 수 없고 침해될 수 없다는 것이다. 그렇기 때문에 Nozick은 정당한 소유의 (즉, 애초부터 정당한 분배의) 결과로 나타난 사회적 불평등은 그것이 아무리 불평등하다고 해도 정당하다고 주장하였다.[12]

Nozick은 더 나아가 개인의 자유를 지키기 위해서 국가는 분배 정의를 실현하려는 노력을 하지 말아야 한다고까지 주장하였다. Nozick은 기본적으로 재분배를 개

12) 물론 Nozick이 불평등을 정당화하기 위해서 자유주의적 정의론을 주장한 것은 절대로 아니다.

인의 소유권리 그리고 더 나아가서 자유에 대한 침해로 보았다. Nozick은 부정의를 바로잡기 위한 재분배만이 예외가 될 수 있다고 지적하면서 그 경우도 재분배는 정당한 취득과 양도의 원칙 안에서만 이루어져야 한다고 주장했다.

이미 앞에서 한 번 언급한 바와 같이 Nozick은 심지어 국가가 개인의 소득에 대해서 세금을 부과하여 소득의 일부를 가져가는 것은 (그리고 아마도 그것을 재분배하는 것도) 국가가 그 개인에게 강제 노동을 시키는 것과 다를 바 없다고 보았다(Nozick, 1974: 167-174).

따라서 국가는 최소한의 역할만을 수행해야 할 뿐 그 이상의 재분배적 기능을 해서는 안 된다고 주장하는 반면, 자유시장만이 개인의 자유를 보장할 수 있는 분배 기제라고 보았다.

이러한 자유 진영의 논리를 따라가다 보면 앞에서 소개했던 '사회 정의가 실체가 있는 정의인가?'라는 질문뿐만 아니라 '생산 활동이 사회 단위에서 이루어지기 때문에 사회 정의를 실현해야 한다는 주장이 설득력이 있는가?'라는 좀 더 비관적인 질문까지 자연스럽게 하게 되는 지경에 이르게 된다. 사회 정의를 실현하려면 사회의 기본 구조의 도덕성과 정당성을 판단하는, 개인 차원을 넘어서는 어떤 주체의 역할이 필요한데 사회 정의를 주장하는 사람들은 국가가 불가피하게 그 역할 주체가 되어야 한다고 본다. 그런데 자유민주주의 정치체제하에서 국가에 권력을 위임해 준 주체는 다름 아닌 그 국가의 구성원인 시민들이다. 그렇다면 한 사회의 제도, 구조, 관습, 관행, 규범 등에서의 문제는 사회구성원의 바람이나 의지와 무관한 어떤 보이지 않는 힘에 의해서 만들어지는 것인가? 다시 말해, 시민들이 자신이 만들어 낸 문제가 도덕적이지 않다고 스스로 판단할 수 있다면 자유권과 정치권을 가진 시민들이 애초에 그 문제가 왜 발생되도록 내버려 두었겠는지를 묻는 것이다.

그런가 하면 어떤 사람들은 (저자를 포함해서) 다음과 같은 질문을 던진다.

- 그 모든 것을 차치하더라도 과연 국가가 그런 역할을 담당할 수 있는 주체인가?
- 다시 말하면, 국가가 그 정도로 도덕적이고 민주적인 주체인가?

Colin Crouch는 그의 저서『Post-Democracy』에서 현대를 후기 민주주의 시대로 규정하고 후기 민주주의는 다수의 이익이 아니라 자본주의 사회의 승자 집단 내지 상업화에 물든 시민 집단(commercialized citizenship)의 의견을 대변하는 정치기제로 변했다고 주장한다(Crouch, 2004). 저자는 모든 사람이 자신의 이익을 우선시하는 것이 부정할 수 없는 세상의 이치라면 '하나의 주체가 어떤 역할을 독점적으로 행하는 것보다는 다수의 주체가 역할을 행하는 것'이 최악의 상황이 벌어지지 않게 하는 유일한 방법이라고 생각한다. 사회 정의가 불가피하게 국가에 의해서 실현되어야 하는 정의라면 그것을 정의라고 부르는 데 상당한 주의가 필요하다는 것이 저자의 생각이다.

그럼에도 불구하고 저자는 누가 저자에게 다음과 같은 질문을 하면 그에 대해서 항상 일관된 답을 제시한다. 두 가지 것에 대한 확신이 그 근거인데, 물론 동의하는 사람과 동의하지 않는 사람의 수가 같거나 후자가 아마 훨씬 더 클 것이라 예상되는 지극히 개인적 차원의 확신이다.

- **질문**: 사회 정의가 실현될 수 있고 실현되어야 하는 정의인가?
- **저자의 답**: 사회 정의 역시 우리가 인간의 기본권으로 여기는 많은 권리와 마찬가지로 완전하게는 아니지만 부분적으로는 실현할 수 있고 부분적으로라도 실현하는 것이 마땅한 권리이다.

첫째, 생산 활동의 결과와 각 개인의 기여량을 함수 대응시키는 것보다는 생산 활동의 결과와 배타적 집단으로서의 개인들의 기여량을 연결하는 것이 상대적으로 더 용이하기 (기술적으로가 아니라 정치적으로) 때문이다. 집단으로서의 자본가(또는 사용자 단체)와 역시 집단으로서의 노동자(또는 노동조합)가 각자 정의롭다고 생각하는 분배 상태에 도달하기 위해서 단체교섭(collective bargaining)을 벌일 수 있다는 것이 사회 정의의 실현이 불가능하지 않음을 보여 주는, 그리고 어쩌면 사회 정의가 사적 정의보다 현실에서 더 실현 가능한 것일 수 있음을 보여 주는 좋은 예라고 하겠다.

둘째, 어떤 이유에서든 집단으로서의 시민이 어떤 오류를 범할 때 그리고 그 오류가 오랜 세월 동안 거듭되면서 사회 구조의 일부로 고착되어 오히려 그 오류를 소극적으로 묵인하거나 적극적으로 따르는 것이 일부 또는 다수의 사회구성원들에게 이익과 자유를 가져다주더라도, 그 오류가 다수의 사회구성원이 범한 '집단적 오류'라는 이유만으로 또는 그것이 이미 '사회 구조'가 되어 버렸다는 이유만으로 그 오류를 방치하는 것은 도덕적으로 옳지 않기 때문이다.

어쩌면 그러한 오류를 바로잡기 위한 노력은 그 오류를 만들어 낸 세대에게는 또는 그 오류로 인해 이익을 얻고 있는 사회구성원들에게는 불필요한 것 또는 악한 것으로 여겨질지도 모른다. 그러나 그 오류를 바로잡으려는 노력이 그 오류로 인해 불이익을 당하고 있는 사회구성원들의 눈에도 과연 그렇게 보일까? 또한 아직 등장하지 않았지만 등장할 것이 분명한 후세대도 그런 생각에 동의할 것인가?

인류의 역사 속에서 우리는 '다수가 틀리면 틀린 것이 아니다.'라거나 '다수가 틀리면 틀려도 어쩔 수 없다.'라는 생각이 우리 스스로에게 얼마나 극악무도한 짓을 자행했는지를 얼마든지 찾아볼 수 있다. 인간을 다른 모든 생명체와 대비되는 존재로서의 '인간'으로 만든 것은 그러한 그릇된 생각에 맞서야 한다는 생각과 실제로 맞선 용기가 아닌가? 저자는 Jared Diamond의 『Guns, Germs, and Steel: The Fates of Human Societies』를 읽고 문명은 불평등 위에서 그리고 어쩌면 불평등에 의해서 만들어진 것이라는 생각을 갖게 되었다.[13] 즉, 불평등은 문명화된 시민사회를 뜻한 'Civil Society'의 정체성을 이루는 하나의 요소인 셈이다. 그런데 문명화된 시민사회의 정체성 안에는 불평등뿐만 아니라 한 가지 요소가 더 있다. 그것은 바로 다음과 같은 노력이다.

불평등 그리고 불평등을 없애려는 노력

13) 인간 사회의 불평등이 인류가 농경생활을 하면서부터 시작 내지 본격화되었다는 (그리고 그 농경생활의 가능 여부와 시작 시기는 지리적 특성에 의해 결정되었다는) Jared Diamond의 주장은 그가 평생의 연구를 통해 역사와 지리에 관한 뛰어난 통찰력을 얻은 학자임을 보여 준다. 그가 그러한 통찰력을 갖게 되기까지 들인 학자로서의 노력과 그러한 노력의 대가로서 거둔 학술적 성과는 당연히 노벨상으로 보상받을 만한 성과라고 생각한다. 그럼에도 불구하고 저자는 1963년 튀르키예 남동쪽 샨르우르파(Sanliurfa)도 외렌직(Orencik)군에서 발견된 탄소 연대 측정 결과, 무려 1만 7,000년 전쯤에 만들어진 것으로 추정되는 괴베클리 테페(Gobekli Tepe)라는 석기시대 유적을 보면서 인간 사회의 불평등이 인류가 지금으로부터 약 9,000년 전쯤에 농경사회로 접어들면서부터 나타났다는 주장의 타당성에 대해서 합리적 의심을 제기하지 않을 수 없다. 물론 농경생활이나 불평등의 시작 시기에 대한 의구심이 아니라 불평등의 발생 원인에 대한 의구심이다.

불평등뿐만 아니라 불평등을 없애려는 노력이 문명화된 시민사회의 DNA 결정 요소가 아니었다면 인류는 지금과 같은 사회에서 살 수 없었을 것이다. 이 논리의 방향을 반대로 바꾸면, 우리가 지금 살고 있는 사회가 수백 년 전의 사회보다 훨씬 나은 사회라는 사실 그 자체가 잘못된 사회 구조를 바꿀 수 있고 그렇게 함으로써 전체 사회 차원의 정의를 실현할 수 있다는 (설령 부분적인 실현에 불과할지라도) 주장의 타당성을 뒷받침하는 증거가 되는 셈이다. 물론 지금 사회가 어느 기준에서 보더라도 더 나은 사회라는 것에 동의한다면 말이다.

우리는 우리가 태어나기 전에 이미 인간 공동체에서 사라진 부정의를 기억하지 못하고 그 부정의를 없애기 위해서 수많은 사람이 했던 노력을 대수롭지 않게 생각한다. 이는 지금 우리가 '과거에는 도대체 왜 결핵이나 천연두가 인간의 생명을 위협하는 가장 치명적인 전염병이었는지'를 이해할 수 없는 것이나 '기록이 남아 있지 않은' 역사 부분은 역사가 아니라 신화로 보는 것과 마찬가지이다. 항상 새로운 질병이 등장하는 것처럼 인간이 사회생활을 하는 이상 새로운 부정의는 항상 등장할 것이다. 우리가 하고 있고 해야 하는 사회 정의 실현을 위한 노력이 후세대의 눈에 대수롭지 않은 노력으로 비춰질지라도 그러한 노력은 지속되어야 마땅하다.

오늘날 우리가 '더 나은 사회'라고 말하면서 부러워하는 사회들이 이제까지 그 사회에서 발생한 부정의의 양이 다른 사회에 비해 훨씬 적었거나 부정의의 심각성이 훨씬 덜했던 사회는 아니지 않은가? 중요한 것은 얼마나 운이 좋았는지가 아니라 부정의를 없애기 위한 전체 사회 차원의 노력이 있었는지, 그리고 그러한 노력들이 성공을 거두었는지이다. 개인이 행복하고자 하는 바람을 권리로 인정하고 각자의 행복권을 존중하는 것이 도덕적으로 옳다면 전체 사회가 행복하고자 하는 권리를 인정하는 것 역시 도덕적으로 옳다. 그 두 가지 중에 후자가 훨씬 고차원적인 도덕성이라는 것은 분명하다. 그렇기 때문에 우리는 나의 행복과 다른 사람의 행복을 동등하게 여기는 사람을 도덕적인 사람이라고 부르고 존경하지만 다른 사람의 행복을, 그것도 그저 몇 명 더 많은 사람의 행복이 아니라 사회구성원 대다수의 행복을, 자신의 행복보다 자신의 삶을 바쳐 가면서까지 더 우선시하는 사람들을 성인(saint)라고 부르고 경외한다.

사회 정의는 사적 정의와 마찬가지로 실현하여 마땅한 정의이다. 그리고 특히 사회 정의를 실현하는 데는 지식인들이 앞장서야 한다. 왜 그런가? 현대 사회를 지식·정보사회라고 부르는 이유는 현대 사회에서 지식과 정보의 중요성이 그만큼 높다는 것을 의미한다. 실제로 현대 사회에서 지식과 정보는 귀중한 그리고 희소한 사회적 가치이다. 그러니 행운과도 같은 기회를 통해 남들보다 지식과 정보를 더 많이 얻은 지식인들이야말로 지식·정보사회의 귀족(nobility)이 아니겠는가? 사회 구조를 바꾸기 위해서는 지식과 정보에 의해 뒷받침되는 힘이 필요하니 그 힘의 원천을 더 가진 지식인들이 사회 정의 실현에 더 앞장서는 것은 당연한 것이고, 그것이 바로 21세기 버전의 노블레스 오블리주(Noblesse Oblige)이다.

그런데 저자는 사회 정의를 (부분적으로라도) 실현하려면 한 가지 사회적 조건이 충족되어야 한다고 생각한다. 사회 정의를 실현하고자 하는 사회는 사회구성원 간의 익명성을 낮은 수준으로 유지할 수 있어야 한다는 것이 그 조건이다. 익명성이 낮은 사회에서는 사회구성원들이 서로에 대한 신뢰와 신의성실의 원칙(bona fide principle)을 바탕으로 공동의 목적을 추구하기가 익명성이 높은 사회보다 상대적으로 용이하다. 그런 사회가 하나의 단위로서 생산 활동을 할 때 우리는 그 사회의 구성원 각각에 대해서 누가 얼마나 어떤 식으로 공동의 목적을 이루는 데 참여하고 기여하는지를 그나마 파악할 수 있다. 사회 정의는 그런 투명성으로 인해 사회구성원 간에 (그들이 원하든 원하지 않든) 신뢰 원칙이 만족할 만한 수준으로 작동하는 사회적 토양에서만 싹틀 수 있는 정의 개념인 것 같다.

사회의 규모가 커지고 복잡성이 높아지면 사회구성원들 간의 익명성 또한 높아지기 마련이고 익명성이 높아질수록 자신 외의 공동체 구성원의 의도나 행동에 대한 도덕적 통제가 점점 더 어려워진다. 그렇게 되면 사회구성원 사이에서 '모두가 공동 목적을 달성하기 위해 규칙에 따라 행동할 것이다.'라는 상호신뢰감이 약화되기 시작하고 분배를 위해 어떤 기준을 사용하는 것이 타당한지에 대한 판단과 합의가 어려워지는 것은 물론이거니와, 전체 사회를 도덕적으로 올바른 사회로 만들기 위해서 사회의 부분들이 다소의 불이익을 감수하겠다는 문명화된 시민사회의 구성원다운 판단을 하기가 어려워진다.

그런 상황에서 사회 정의는 사회 기본 구조의 문제점을 개선하기 위한 노력이 아니라 많은 사람이 쉽게 이해할 수 있다는 이유만으로 정당하다고 여겨지는 매우 정치적인 어떤 기준을 적용하여 강자와 약자를 구분하고, 강자로부터 약자에게로 사회적 가치를 재분배하는 자칫 정치적 선동에 가까운 것으로 전락할 수 있다. 물론 그러한 사회 정의의 (거의 배신에 가까운) 변신이 어떤 설득력 있는 근거에 의해 정당성이 뒷받침되는 변신이라면 문제될 것은 없다. 그런데 혹시라도 그러한 변신이 다음과 같은 주장 등을 정당성의 근거로 삼는다면 변모된 사회 정의는 더 이상 정의(justice)로 여겨지기 어려울 것이다.

- 사회 구조를 바꾸는 변화를 주장하는 것은 정치적 생명에 위협이 되기 때문에
- 누가 되든 약자라고 정의된 사람들의 이익 옹호는 정치적 지지를 얻는 데 도움이 되기 때문에
- 대개의 사람들은 사회 정의와 사적 정의를 구분하지 못하기 때문에

이러한 논리에서 저자는 시간이 갈수록 사회 정의가 익명성이 충분히 낮고 사회 구성원 간 관계의 복잡성이 충분히 낮은 시민 공동체에서만 실현 가능한 정의가 아닌가 하는 생각을 점점 더 많이 하게 된다. 인구 규모가 1,000만 명이 채 되지 않거나 1,000만 명을 조금 웃도는 (그것도 최근에 들어와서야 비로소) 북유럽 국가들에서 사람과 정부와 사회에 대한 높은 신뢰감, 높은 공동체 의식, 높은 수준의 연대의식 같은, 사회 정의의 실현 가능성을 높여 주는 환경이 사회구성원들 사이에서 조성되어 있는 것은 결코 우연이 아니다.

그런데 한 가지 오해하지 말아야 할 것이 있다. 북유럽 국가 같은 선진 복지국가로 나아가기 위해서 우리가 해야 할 것은 북유럽 사회라는 토양에서 뿌리내리고 자라 온 사회 제도(분배 제도를 포함한)를 한국 사회에 하루 빨리 도입하는 것이 절대 아니다. 우리가 정작 먼저 해야 할 것은 한국의 사회적 토양의 질을 바꿔 나가는 노력이다.

저자가 제도가 인간의 삶에 큰 영향을 미친다는 제도주의 학자들의 주장을 불신하는 것은 결코 아니다. 다만 저자가 더 확신하는 것은 토양의 질이 다르더라도 제도만 가져다 심으면 잘 자랄 것이라는 믿음은 잘못된 신념이라는 사실이다. 그렇기에

솔직히 말하면 자자에게는 동료 연구자들 중에서 어떤 연구자들이 펼치는 거의 종교적 도그마에 가까운 북유럽 예찬론이 (한편으로는 왠지 '다소'라는 표현이라도 써서 정치적 올바름을 유지해야 할 것 같다는 생각이 들면서도, 다른 한편으로는 그냥 솔직하게 표현하는 것이 낫겠다는 생각이 들기에 그냥 생각하는 바를 그대로 표현하면) 지극히 현실성 없을 뿐만 아니라 무책임하기까지 한 주장으로밖에 들리지 않는다는 생각을 이 자리를 빌려 이야기하고자 한다. 오래전에 학회에서 만난 북유럽 출신의 학자들이 저자에게 해 준 다음과 같은 말은 오랜 세월이 지나도 저자의 머릿속에서 떠나지 않을 것 같다.

> "TK,[14] 두 종류의 스칸디나비아 복지국가가 있는 것을 알아요? 지금 실제로 북반구에 존재하는 스칸디나비아 복지국가가 하나이고 다른 하나는 동양 학자들이 만들어 낸 스칸디나비아 복지국가예요. 우리는 한국, 일본, 중국 학자들을 만나면서 우리가 사는 그곳과 다른 스칸디나비아 복지국가가 있다는 것을 알게 되었어요. 매우 흥미롭더군요. 많은 동양 학자가 우리가 평등을 절대적 가치로 지향한다고들 이야기하는데 우리는 한 사람이 한 사람이 가진 가능성과 역량을 극대화하기 위해서 노력합니다. 그 두 가지는 분명히 다른 것이고 그 두 가지를 혼동하지 않기 바랍니다."

4. 복지이중성

한 사회의 복지 수준은 그 사회의 구성원들 간에 복지와 관련된 이익과 부담이 어떻게 분배되어 있는지에 따라 달라진다. 예를 들면, 한 사회의 구성원들 사이에 복지 관련 이익·부담이 A라는 상태로 분배되어 있으면 그 사회의 복지수준은 A라는 분배 상태가 허락하는 수준으로 결정되고 이익·부담의 분배 상태가 B라면 그 사회의 복지 수준은 B에 해당하는 수준이 된다는 말이다.

---

14) TK는 저자 이름 Tae Kyun의 약자이다. 한국어 발음을 어려워하는 외국인들에게 저자는 종종 저자의 이름을 영어 약자 TK로 부를 것을 권한다.

경제적 시장의 경우, 개인이 누리고자 하는 이익과 그 개인이 져야 하는 부담은 동전의 양면처럼 불가분의 비례적 관계를 갖는다. 이익을 더 많이 원하면 부담도 더 져야 한다. 그런데 사회보장 등의 사회적 시장에서는 이익과 부담 간의 관계에 왜곡이 발생한다. 왜냐하면 사회적 시장에는 재분배의 원리가 작동하기 때문이다. 내가 어떤 가치를 더 얻을 때 그 '더'에 해당하는 나의 이익을 만드는 데 필요한 추가적 부담이 나 아닌 다른 사람들에게 전가되는 경우가 종종 있다.

그런 상황이 빈번하게 발생할수록 이익을 누리는 사람으로서의 나와 부담을 져야 하는 사람으로서의 나는 분명히 동일인임에도 불구하고 두 가지 상황의 내가 (마치 지킬 박사와 미스터 하이드처럼) 서로 다른 사람인 것처럼 사고하고 행동하려는 성향이 점점 강해진다. 이처럼 하나의 인격체인 내가 이익에 관한 상황과 부담에 관한 상황에서 서로 다른 인격체가 되는 것을 저자는 복지이중성(welfare duality)이라고 부른다.

선거철이 되면 사람들 사이에서 자주 이런 말이 오가곤 한다.

> 가진 것이 없는 서민을 위해서 있는 사람들이 더 희생해야 한다.

특히 복지가 정치 아젠다가 된 이후부터는 정치인들이 사람들에게 이런 말을 사용하도록 부추기는 경향이 강해졌다. 불필요한 말을 다 떼어 버리고 핵심만 남기면 결국 나의 이익을 위해서 네가 부담을 더 감수하라는 주장이다. 이런 말을 들을 때마다 매번 세 가지 것이 궁금해진다. 첫째는 한국 사회에서 자신을 가진 것이 없는 서민으로 규정하는 근거가 과연 무엇인지이고, 둘째는 그 '있는 사람'의 범위에 자신의 가족이나 친척이 포함되는지 여부이고, 셋째는 자신보다 더 없는 사람이 나타나면 자신도 기꺼이 더 희생하는 사람이 될 것인지 여부이다.

첫 번째 질문을 잠시 잊기로 한다면[15] 복지이중성이 강한 사람일수록 두 번째와

---

15) 이런 주장을 하는 사람들은 어떤 기준을 가지고 사회구성원을 평가해도 자신은 항상 우리 사회에서 가장 열악한 상황에 처해 있는 사람이거나 가장 많은 불이익을 받는 사람으로 판정될 것임이 분명하다는 확신을 가진 사람들일 것 같다.

세 번째 질문 모두에 '아니다.'라고 답할 가능성이 크고 복지이중성이 약한 사람일수록 '그렇다.'라고 답할 가능성이 클 것이라 예상된다. 왜냐하면 복지이중성이 강하다는 것은 한마디로 말하면 '나는 이익을 더 누려 마땅한 주체이고 부담을 더 짊어져야 할 주체는 아니다.'라고 하는 이중인격성이 강하기 때문이다.

재분배 원리가 작동하는 한 복지이중성은 항상 발생한다. 모든 사회보장제도에는 정도 차이가 있을 뿐 재분배적 성격이 내재해 있기 때문에 복지이중성을 발생시키지 않는 사회보장제도를 만드는 것은 현실적으로 불가능하다. 문제는 복지이중성이 강해지면 그만큼 책임의식이 약화되는 일종의 도덕적 해이(moral hazard) 현상이 나타난다는 것이다. 그리고 복지이중성이 사회에 미치는 악영향은 거기서 멈추지 않는다. 복지이중성은 사회구성원 간의 신뢰 약화 내지 와해라고 하는, 사적 정의로서의 분배 정의나 사회 정의를 실현하는 데 가장 치명적인 환경을 만들어 낸다.

한국의 1인당 GDP가 구매력 평가 기준 3만 달러를 곧 넘어설 것이라는 전망이 나오기 시작한 2010년 즈음부터 한국 사회에서 복지가 주된 정치 아젠다 중 하나로 급부상하기 시작하였다. 포퓰리즘을 정치 수단으로 적극 사용하는 정치인들이 복지 혜택이 의심의 여지가 전혀 없는 확실한 효과를 가진 공약거리라는 사실을 깨닫게 되기까지는 그리 오랜 시간이 걸리지 않았다. 특히 보편적 수당 형태의 복지 혜택이 그러한데, 보편적 수당은 '더 많은 국민에게 차별 없이 혜택을 주는 보편적인 제도'라는 명분과 '수급자 규모가 커질수록 지지표를 얻을 가능성도 커진다.'라는 실리를 모두 갖춘 매력적인 득표 수단으로서 정치 영역에서 각광을 받게 되었다.

복지이중성의 늪에 스스로를 던져 넣은 유권자들은 두 가지 것을 잊어 버리거나 적극적으로 잊고자 애쓴다. 하나는 내가 누리는 이익은 언젠가는, 비록 자신에게는 아니더라도, 자신의 후손을 포함한 후세대에게 반드시 부담으로 되돌아온다는 사실이다. 또 하나는 어떤 권리든 의무 의식과 결별한 권리는 그것의 실현이 엄청난 사회적 비용(social cost)을 발생시킨다는 사실이다. 유권자들이 가진 이 두 가지 사실에 대한 선택적 망각 성향이 정치인들의 권력 유지 성향과 만나면 최악의 사태가 벌어진다. 정치인들은 자신이 만든 사회 제도나 정책에 심각한 수준의 감가상각이 5년 안에만 일어나지 않으면, 자신이 남발한 정책으로 인해 누가 부담을 지든 사회가 얼마나 큰 비용을 감당해야 하든 전혀 문제시하지 않는다.

어떤 연구자들은 "세계인권선언 어디에 의무에 관한 내용이 있는가?"라고 묻는다. 그런 동료 연구자들에게 저자는 항상 "그 '~라는 이익을 누려 마땅하다'라는 말 그 자체에 권리 개념과 의무 개념이 모두 실려 있지 않은가!"라고 답한다. 인권은 사회 속에서 다른 사람들과 함께하는 삶이 불가피하다는 것을 깨달은 인간에 의해서 만들어진 개념이다. 인권은 실정법적 권리이기 이전에 자연권이고 천부적인 권리이다. 인간이 인권의 성격을 그렇게 규정했기 때문에, 아마 이 책을 읽는 독자들 정도이면 누구도 이 말을 '인권이 허상'이라는 말로 오해하지는 않을 것이라 믿기에 그런 오해를 하지 말아 달라는 당부는 생략하기로 하겠다.

저자가 강조하고자 하는 것은 인권에 대한 주장과 인정은 사회라고 하는 맥락이 존재하기 때문에 가능하다는 것이다. 인권은 모든 사회구성원이 지켜야 할 원칙이지만 때로는 그것이 사회구성원 중 누군가에게 (그 '누군가'의 입장에서 보면) 불이익을 요구할 수 있는 자격이라는 실체를 갖는다. 나에게 그런 자격이 있다면 인간 공동체를 다른 잣대로 잴 경우, 나 아닌 다른 사람도 나에게 그런 요구를 할 자격이 있다는 것은 너무도 자명한 사실이다. 따라서 어떤 인권도 사회구성원들 사이에 상호존중의식과 상호의무감이 존재한다는 전제 없이는 실현될 수 없다.

한국의 헌법인 「대한민국헌법」에 사회보장 증진을 위한 노력이 '국가의 의무 사항'으로 처음 명시된 것은 1980년 제9호 헌법이 만들어지면서이다. 그로부터 오늘날까지 43년 동안 한국의 사회보장은 사회구성원 모두의 노력에 힘입어 괄목할만한 수준으로 발전하였다. 그런데 그 43년의 발전 과정 속에서 저자는 사회보장이 국민의 기본적인 권리라는 말은 수없이 들었지만 '사회보장이 국민 모두가 짊어져야 할 의무'라는 말은 왜 들었던 기억이 별로 없는지 모르겠다. 모두가 쉽게 이해할 수 있는 예를 들어 보자. 선거 때가 되면 항상 등장하는 위기감이 있다. 국민연금 개혁을 더는 늦출 수 없다는 위기감이다. 대표자가 되겠다고 나선 사람들에게 대다수 사회구성원은 국민연금 문제를 꼭 해결해 달라고 부탁한다. 그런데 정작 개혁을 논의하기 시작하면 (누가 대표자로 선출되든 상관없이) 바로 그 순간부터 사회구성원들 사이에서 복지이중성이 작동한다. 그렇기에 우리 사회에서 개혁은 항상 당연히 나 말고 다른 사람이 더 부담하는 개혁을 의미한다.

한국의 현행 사회보장제도가 가진 문제점 중 가장 심각한 문제 한 가지를 꼽으라면 저자는 아무런 망설임 없이 복지이중성을 꼽는다. 지난 43년 기간 중 적어도 절반 이상의 기간 동안 사회보장제도는 복지이중성을 심화시키면서 발전해 왔다. 인권 중에서도 특히 사회권을 실현한 대가이기는 하지만 꼭 치러야만 하는 대가는 아니었다. 그 결과 지금 한국 사회에서 복지이중성은 준인권의 지위를 누리고 있다. 사회보장제도를 운영함에 있어서 '각자에게 그가 가진 욕구만큼의 혜택을(to each accoriding to his/her needs)'이라는 말 뒤에 '아무리 적은 능력이라도 능력이 있는 모든 사람은 그가 가진 능력과 역량만큼의 부담을'이라는 말을 덧붙이는 것을 금기로 만들어 버린 복지이중성이 저자의 눈에는 한국 사회보장의 지속가능성을 위협하는 가장 큰 문제로 보인다.

사회보장제도가 시민사회의 구성원을 복지 이중인격자로 만들어야만 발전하는 것은 절대 아니다. 저자가 보험제도를 공공부조나 보편적 수당보다 선호하는 이유는 그나마 보험제도가 이익과 부담 간의 연결고리를 가장 덜 느슨하게 만드는 제도이기 때문이다. 21세기 사회에서 사회보험을 강조하는 것은 인구구조와 산업구조의 변화 방향에 역행하는 시대착오적인 생각이 아닌가? 라는 우려에 찬 의견을 종종 듣는다. 전 국민을 하나의 보험으로 포괄하는 사회보험제도만이 소득보장, 건강보장, 사회서비스보장을 이룰 수 있는 유일한 보험제도는 아니다. 혹시 그런 사회보험제도만을 고집하기 때문에 21세기 사회에 사회보험제도는 맞지 않는다는 말을 하는 것은 아닌가?

사회구성원 개개인이 자신의 삶에 관한 더 나은 선택을 할 수 있는, 정부보다 더 현명한 복지주체라는 생각, 사회보장제도 운영의 유연성, 사회보장제도의 다양성, 이윤을 추구하는 인간의 본성을 긍정적인 방향으로 활동하는 제도, 시장의 역할 등에 대해서 진지하게 논의해 봐야 할 필요성을 언급하면 '복지이중성 같은 좋은 눈가리개가 있는데 그런 논의가 왜 필요해.'라는 뜻을 암묵적으로 내비치는 연구자들도 정치인 못지않게 많다. 정치판에 뛰어들어 정치꾼으로 활동하는 학자들 중에 특히 많다.

사회보장제도를 통해 사회권을 보장받은 사람이면 누구나 그 사회권을 지키기 위해 정당한 부담을 하는 것이 문명화된 시민사회의 시민이 지켜야 할 기본 원칙이고 그 원칙을 어떤 이유로든 깨뜨리는 사람은 사회권을 누릴 자격이 없다는 사실을 한국 사회의 시민 중 가장 어린 사람들을 대상으로 한 교육과정에서부터 가르치는 날이 꼭 오리라 기대한다.

부록

Universal Declaration of Human Rights(세계인권선언 원문)

Preamble

Whereas recognition of the inherent dignity and of the equal and inalienable rights of all members of the human family is the foundation of freedom, justice and peace in the world, Whereas disregard and contempt for human rights have resulted in barbarous acts which have outraged the conscience of mankind, and the advent of a world in which human beings shall enjoy freedom of speech and belief and freedom from fear and want has been proclaimed as the highest aspiration of the common people, Whereas it is essential, if man is not to be compelled to have recourse, as a last resort, to rebellion against tyranny and oppression, that human rights should be protected by the rule of law, Whereas it is essential to promote the development of friendly relations between nations, Whereas the peoples of the United Nations have in the Charter reaffirmed their faith in fundamental human rights, in the dignity and worth of the human person and in the equal rights of men and women and have determined to promote social progress and better standards of life in larger freedom, Whereas Member States have pledged themselves to achieve, in cooperation with the United Nations, the promotion of universal respect for and observance of human rights and fundamental freedoms, Whereas a common understanding of these rights and freedoms is of the greatest importance for the full realization of this pledge, Now, therefore, The General Assembly, Proclaims this Universal Declaration of Human Rights as a common standard of achievement for all peoples and all nations, to the end that every individual and every organ of society, keeping this Declaration constantly in mind, shall strive by teaching and education to promote respect for these rights and freedoms and by progressive measures, national and international, to secure their universal and effective recognition and observance, both among the peoples of Member States themselves and among the peoples of territories under their jurisdiction.

Article I

All human beings are born free and equal in dignity and rights. They are endowed with reason and conscience and should act towards one another in a spirit of brotherhood.

Article 2

Everyone is entitled to all the rights and freedoms set forth in this Declaration, without distinction of any kind, such as race, colour, sex, language, religion, political or other opinion, national or social origin, property, birth or other status. Furthermore, no distinction shall be made on the basis of the political, jurisdictional or international status of the country or territory to which a person belongs, whether it be independent, trust, non-self-governing or under any other limitation of sovereignty.

Article 3

Everyone has the right to life, liberty and security of person.

Article 4

No one shall be held in slavery or servitude; slavery and the slave trade shall be prohibited in all their forms.

Article 5

No one shall be subjected to torture or to cruel, inhuman or degrading treatment or punishment.

Article 6

Everyone has the right to recognition everywhere as a person before the law.

Article 7

All are equal before the law and are entitled without any discrimination to equalprotection of the law. All are entitled to equal protection against any discrimination in violation of this Declaration and against any incitement to such discrimination.

Article 8

Everyone has the right to an effective remedy by the competent national tribunals for acts violating the fundamental rights granted him by the constitution or by law.

Article 9

No one shall be subjected to arbitrary arrest, detention or exile.

Article 10

Everyone is entitled in full equality to a fair and public hearing by an independent and impartial tribunal, in the determination of his rights and obligations and of any criminal charge against him.

Article 11

1. Everyone charged with a penal offence has the right to be presumed innocent until proved guilty according to law in a public trial at which he has had all the guarantees necessary for his defence.
2. No one shall be held guilty of any penal offence on account of any act or omission which did not constitute a penal offence, under national or international law, at the time when it was committed. Nor shall a heavier penalty be imposed than the one that was applicable at the time the penal offence was committed.

Article 12

No one shall be subjected to arbitrary interference with his privacy, family, home or correspondence, nor to attacks upon his honour and reputation. Everyone has the right to the protection of the law against such interference or attacks.

Article 13

1. Everyone has the right to freedom of movement and residence within the borders of each State.
2. Everyone has the right to leave any country, including his own, and to return to his country.

Article 14

1. Everyone has the right to seek and to enjoy in other countries asylum from persecution.
2. This right may not be invoked in the case of prosecutions genuinely arising from non-political crimes or from acts contrary to the purposes and principles of the United Nations.

Article 15

1. Everyone has the right to a nationality.
2. No one shall be arbitrarily deprived of his nationality nor denied the right to change his nationality.

Article 16

1. Men and women of full age, without any limitation due to race, nationality or religion, have the right to marry and to found a family. They are entitled to equal rights as to marriage, during marriage and at its dissolution.
2. Marriage shall be entered into only with the free and full consent of the intending spouses.
3. The family is the natural and fundamental group unit of society and is entitled to protection by society and the State.

Article 17

1. Everyone has the right to own property alone as well as in association with others.
2. No one shall be arbitrarily deprived of his property.

Article 18

Everyone has the right to freedom of thought, conscience and religion; this right includes freedom to change his religion or belief, and freedom, either alone or in community with others and in public or private, to manifest his religion or belief in teaching, practice, worship and observance.

Article 19

Everyone has the right to freedom of opinion and expression; this right includes freedom to hold opinions without interference and to seek, receive and impart information and ideas through any media and regardless of frontiers.

Article 20

1. Everyone has the right to freedom of peaceful assembly and association.
2. No one may be compelled to belong to an association.

Article 21

1. Everyone has the right to take part in the government of his country, directly or through freely chosen representatives.
2. Everyone has the right to equal access to public service in his country.
3. The will of the people shall be the basis of the authority of government; this will shall be expressed in periodic and genuine elections which shall be by universal and equal suffrage and shall be held by secret vote or by equivalent free voting procedures.

Article 22

Everyone, as a member of society, has the right to social security and is entitled to realization, through national effort and international co-operation and in accordance with the organization and resources of each State, of the economic, social and cultural rights indispensable for his dignity and the free development of his personality.

Article 23

1. Everyone has the right to work, to free choice of employment, to just and favourable conditions of work and to protection against unemployment.
2. Everyone, without any discrimination, has the right to equal pay for equal work.
3. Everyone who works has the right to just and favourable remuneration ensuring for himself and his family an existence worthy of human dignity, and supplemented, if necessary, by other means of social protection.
4. Everyone has the right to form and to join trade unions for the protection of his interests.

Article 24

Everyone has the right to rest and leisure, including reasonable limitation of working hours and periodic holidays with pay.

Article 25

1. Everyone has the right to a standard of living adequate for the health and well-being of himself and of his family, including food, clothing, housing and medical care and necessary social services, and the right to security in the event of unemployment, sickness, disability, widowhood, old age or other lack of livelihood in circumstances beyond his control.
2. Motherhood and childhood are entitled to special care and assistance. All children, whether born in or out of wedlock, shall enjoy the same social protection.

Article 26

1. Everyone has the right to education. Education shall be free, at least in the elementary and fundamental stages. Elementary education shall be compulsory. Technical and professional education shall be made generally available and higher education shall be equally accessible to all on the basis of merit.
2. Education shall be directed to the full development of the human personality and to the strengthening of respect for human rights and fundamental freedoms. It shall promote understanding, tolerance and friendship among all nations, racial or religious groups, and shall further the activities of the United Nations for the maintenance of peace.
3. Parents have a prior right to choose the kind of education that shall be given to their children.

Article 27

1. Everyone has the right freely to participate in the cultural life of the community, to enjoy the arts and to share in scientific advancement and its benefits.
2. Everyone has the right to the protection of the moral and material interests resulting from any scientific, literary or artistic production of which he is the author.

Article 28

Everyone is entitled to a social and international order in which the rights and freedoms set forth in this Declaration can be fully realized.

Article 29

1. Everyone has duties to the community in which alone the free and full development of his personality is possible.
2. In the exercise of his rights and freedoms, everyone shall be subject only to such limitations as are determined by law solely for the purpose of securing due recognition and respect for the rights and freedoms of others and of meeting the just requirements of morality, public order and the general welfare in a democratic society.
3. These rights and freedoms may in no case be exercised contrary to the purposes and principles of the United Nations.

Article 30

Nothing in this Declaration may be interpreted as implying for any State, group or person any right to engage in any activity or to perform any act aimed at the destruction of any of the rights and freedoms set forth herein.

출처: https://www.ohchr.org/en/human-rights/universal-declaration

참고문헌

국가인권위원회(2020). 대한민국 인권 근현대사.

김태성, 성경륭(1993). 복지국가론. 나남.

김형식(편). (1997). 시민적 권리와 사회정책 (p. 56). 중앙대학교 출판부.

윤찬영(2022). 인권복지론: 인권과 함께 하는 복지 실천. 신정 출판사.

이종은(2014). 정의에 대하여: 국가와 사회를 어떻게 조직할 것인가(p. 505). 책세상.

조효제(2015). 인권 오디세이. 교양인.

현진권(편). (2013). 사회적이란 용어의 미신 (pp. 29-36). 한국경제연구원.

국가법령정보센터,「대한민국헌법」, https://www.law.go.kr/법령/대한민국헌법

국토교통부. 주거실태조사. https://www.index.go.kr/unity/potal/indicator/IndexInfo.do?cdNo=2&clasCd=10&idxCd=F0188

중앙선거관리위원회, https://www.nec.go.kr/site/nec/ex/bbs/View.do?cbIdx=1147&bcIdx=17020

한국민족문화대백과사전, https://encykorea.aks.ac.kr/Article/E0046847

행정안전부 국가기록원 홈페이지, https://theme.archives.go.kr/next/koreaOfRecord/humanRightsProtection.do

Aristotele. (2003). *The Politics*. London: Penguin Books.

Aristotele. (2008). 니코마코스 윤리학 (*Nicomachean Ethics*). (최명관 역). 창.

Baker, J. (1988). *Arguing for Equality*. London: Verson/Methuen Inc.

Berlin, I. (1969). *Four Essays On Liberty* (pp. 121-131). Oxford University Press.

Crouch, C. (2004). *Post-Democracy*. Polity Press.

Dworkin, R. (2002). *Sovereign Virtue*. Cambridge, MA: Havard University Press.

Esping-Anderson, G. (1990). *The Three Worlds of Welfare Capitalism* (pp. 21-22, 35-54). Princeton University Press.

Feinberg, J. (1972). Justice, Fairness, and Rationality. *The Yale Law Journal, 81*(5), 1004-1031.

Feinberg, J. (1973). Duty and Obligation in the Non-Ideal World by John Rawls. *The Journal of Philosophy, 70*(9), 263-275.

Hayek, F. von. (1944). *The Road to Serfdom*. NY: Routledge & Sons. https://ctheory.sitehost.iu.edu/img/Hayek_The_Road_to_Serfdom.pdf

Hayek, F. von. (1993). *Law, Legislation, and Liberty, vol. II: The Mirage of Social Justice* (pp. 117-158, 146-149). London: Routledge and Kegan and Paul Ltd.

Hellsten, S. (1998). Moral Individualism and the Justification of Liberal Democracy. *International Journal of Jurisprudence and Philosophy of Law, 11*(4).

Hochschild, J. (1981). *What's Fair? American Beliefs about Distributive Justice*. Cambridge, MA: Harvard University Press.

Human Rights Principles. https://www.unfpa.org/resources/human-rights-principles

Johnston, D. (2011). *A Brief History of Justice* (pp. 63-68). NY: John Wiley & Sons Ltd.

Marshall, T. H. (1965). The Right To Welfare. *Social Rev. Nov, 13*(3), 261-272.

Marshall, T. H., & Bottomore, T. (1992). *Citizenship and Social Class* (pp. 1-52). Pluto Press.

Mill, J. S. (1921). *Principles of Political Economy* (pp. 803-805). London: Longman. https://oll-resources.s3.us-east-2.amazonaws.com/oll3/store/titles/101/0199_Bk.pdf

Miller, D. (1976). *Socisl Justice*. Harvard University Press.

Miller, D. (1990). *Principles of Social Justice*. Harvard University Press.

Miller, D. (1999). *Principles of Justice* (p. 11). Harvard University Press.

More, T. (2015). 유토피아: 존재하지도 사라지지도 않는 나라. (권혁 역). 돋을새김.

Musgrave, R. & Musgrave, P. (1989). *Public Finance in Theory and Practice*. (5th ed., p. 229). NY: McGrow-Hill Book Company.

Nozick, R. (1974). *Anarchy, State and Utopia*. NY: Basic/Oxford, Blackwell.

Pogge, T. (2007). *John Rawls: His Life and Theory of Justice*. (M. Kosch, trans., p. 183).

Oxford University Press.

Rawls, J. & Kelly, E. (ed). (2001). *Justice as Fairness: A Restatement*. Cambridge, MA: Belknap Press of Harvard University Press.

Rawls, J. (1971). *A Theory of Justice*. Cambridge, MA: Belknap Press of Harvard University Press.

Rawls, J. (1999). *The Law of People* (pp. xiv-xv, 136, 243-247). Cambridge, MA: Belknap Press of Harvard University Press.

Sen, A. (2009). *The Idea of Justice*. Cambridge, MA: Harvard University Press.

Thomson, J. J. (2023). 권리란 무엇인가 (*The Realm of Rights*). (이민열 역). 에피스테메. (원저는 1990년에 출판)

UNFPA. (2005). Human Rights Principles. www.unfpa.org/resources/human-rights-principles.

Walzer, M. (1983). *Spheres of Justice: A Defense of Pluralism and Equality*. NY: Basic Books Inc.

Wilkinson, T. M. (2000). *Freedom, Efficienty and Equality*. NY: St. Martin's Press.

15 Essential Characteristics of Human Rights, https://www.wefinder24.com/2022/06/meaning-and-characteristics-of-human.html

UNFPA. (2005). Human Rights Principles. www.unfpa.org/resources/human-rights-principles.

찾아보기

| 인명 |

Aristotele 13, 37, 59, 75

Berlin, I. 121

Crouch, C. 151

Diamond, J. 152
Dworkin, R. 88

Esping-Anderson, G. 127

Hayek, F. 44
Hochschild, J. 36

Marshall, T. H. 119
Mill, J. S. 66
Miller, D. 138
Musgrave, P. 67
Musgrave, R. 67

Nozick, R. 85, 149

Plato 13

Rawls, J. 20, 79

Sandel, M. 97

Walzer, M. 93
Wilkinson, T. M. 41

| 내용 |

Aristotele의 정의관 75
Dworkin의 정의관 88
Nozick의 정의관 85
Rawls의 정의관 79
Sandel의 정의관 97
Suffrage Movemet 145
Walzer의 정의관 93
X 비효율 58

개인적 공권 106
공과 15
공권 105
공동체주의 98
공적 46
공정 20
공평 28
국제인권법 116

권리 103
권리법력설 104
권리의 객체 104
권리의 본질 103
권리의 종류 105
권리의 주체 104
귀속적 특성 49
기회의 평등 57

노동 탈상품화 127
노동의 상품화 127
노블레스 오블리주 154
능력에 비례한 분배 66

다원주의 정의 95
대한민국헌법 130
도덕주의적 오류 43

마그나카르트타 116
만들어진 권리 117
민권 120

보편성 26
보편적 정의 76
복지이중성 157
복지정치함수 33
복합 평등 정의 95
부담 62
분배 결과 15
분배 기준 35, 36
분배 기준 결정 이전의 공정 22
분배 기준 결정 이후의 공정 23
분배 단위 70
분배 대상 35, 52
분배 선택 15
분배 요소 14
분배 참여 주체 35
분배적 정의 77
불공평 29
비례적/수평적 평등 25

사권 105, 107
사원권 108
사회 정의 138
사회 정의의 실현 가능성 147
사회권 105, 125
사회보장 33
사회의 의미 138
산업혁명 138
선별성 26
세계인권선언 109
세계인권선언문의 핵심 115
소극적 자유 121
수익권 106
스칸디나비아 복지국가 156
시민권론 119, 120
시정적 정의 77
신분권 108

욕구 16, 37
이익-결과 58
이익-기회 53
이익에 비례한 분배 63
인간의 기본적 권리와 자유 129
인격권 107
인권 109
인권 개념의 발달 과정 117
인권과 분배 정의 134
인권의 실체 109, 116

자연적 권리 117
자연주의적 오류 43
자유권 106
자유권적 권리 136
재산권 108
적극적 자유 121
절대적/수직적 평등 25
정의 13
정의 원칙 82
정의 원칙 간의 축차적 서열에 관한 두 가지 우선 원칙 82
정의 판단의 대상 16
정의로운 분배 기준 36
정의의 실체 14
정의의 의미 143
정치권 122
정형화된 정의론 85
제1우선성 규칙 82
제1원칙 82
제2우선성 규칙 82
제2원칙 82
조건의 평등 57

참정권 107
최종상태 정의론 87

특수한 정의 76

평등 25
평등권적 권리 136

합의된 권리 117
협력적 잉여 138
후기 민주주의 151

저자소개

유태균(Yoo Tae Kyun)

연세대학교 사회복지학과를 1988년에 졸업한 후, 미국 Oregon주 Portland State University에서 사회복지학 석사학위(M.S.W., 1990)를 받은 다음 University of California, Berkeley에서 사회복지학 박사학위(Ph.D., 1995)를 받았다. 현재 숭실대학교 사회복지학부 교수로, 주로 사회복지정책과 연구방법론에 관한 강의를 하고 있으며, 지난 2000년부터는 사회서비스보장에 깊은 관심을 가지고 연구를 진행하고 있다.

거시사회복지실천 시리즈 II

거시사회복지실천 심화편 1

-정의, 권리 그리고 분배-

Intermediate Macro Social Welfare Practice 1

Justice, Rights and Districution

2024년 2월 25일 1판 1쇄 인쇄

2024년 3월 1일 1판 1쇄 발행

지은이 • 유태균

펴낸이 • 김진환

펴낸곳 • (주) 학지사

04031 서울특별시 마포구 양화로 15길 20 마인드월드빌딩

대표전화 • 02)330-5114 팩스 • 02)324-2345

등록번호 • 제313-2006-000265호

홈페이지 • http://www.hakjisa.co.kr

인스타그램 • https://www.instagram.com/hakjisabook

ISBN 978-89-997-3016-0 93330

정가 17,000원